“十四五”职业教育国家规划教材配套教材
中等职业教育课程改革国家规划新教材配套教材

电工技术基础与技能习题册

（电类专业通用）

（第二版）

赵争召　刘晓书　主编
曾祥富　主审

科学出版社
北京

内 容 简 介

本习题册是根据教学大纲要求，配合“十四五”职业教育国家规划教材《电工技术基础与技能（电类专业通用）》（第二版）实施教学和对学生训练的立体化教学资源的一个组成部分。习题册按单元系列：课程导入准备、直流电路、电容与电感、正弦交流电路、三相交流电路编写；配套了足量的单元练习题、单元检测题和全书检测题。为了帮助使用本习题册的学校和老师改进教学，减轻备课、命题负担，书后附有全部习题的参考答案。为了便于在本门课程教学任务完成后，对学生进行系统复习和期末检查，在书末还附有8套全书检测题供教师选用。

本习题册可作为职业学校电类各专业的通用教材，也可供电工电子技术初学者参考。

图书在版编目（CIP）数据

电工技术基础与技能习题册：电类专业通用／赵争召，刘晓书主编．—2版．—北京：科学出版社，2021.6（2023.8修订）

“十四五”职业教育国家规划教材配套教材　中等职业教育课程改革国家规划新教材配套教材

ISBN 978-7-03-068917-7

Ⅰ.①电…　Ⅱ.①赵…②刘…　Ⅲ.①电工技术-中等专业学校-习题集　Ⅳ.①TM-44

中国版本图书馆CIP数据核字（2021）第103378号

责任编辑：张振华／责任校对：马英菊
责任印制：吕春珉／封面设计：东方人华平面设计部

科学出版社 出版
北京东黄城根北街16号
邮政编码：100717
http://www.sciencep.com
三河市中晟雅豪印务有限公司 印刷
科学出版社发行　各地新华书店经销
*
2010年10月第　一　版　开本：787×1092　1/16
2021年 6 月第　二　版　印张：10
2024年 6 月第十四次印刷　字数：230 000

定价：38.00元

（如有印装质量问题，我社负责调换）
销售部电话 010-62136230　编辑部电话 010-62135120-2005

本书编审人员

顾　　问：邓泽民　教育部职业技术教育中心研究所

主　　编：赵争召　重庆市渝北职业教育中心
　　　　　刘晓书　重庆市科能高级技工学校

副 主 编：辜小兵　重庆工商学校
　　　　　王　毅　重庆市科能高级技工学校
　　　　　范琼英　重庆市科能高级技工学校

参　　编：李　蓉　重庆市龙门浩职业中学校
　　　　　黄昌伟　重庆工商学校
　　　　　曾　楠　重庆市渝北职业教育中心
　　　　　李虹燃　重庆市科能高级技工学校
　　　　　文　欣　重庆市科能高级技工学校
　　　　　马玖益　重庆市科能高级技工学校
　　　　　黄石磊　重庆市科能高级技工学校
　　　　　刘术平　重庆市科能高级技工学校
　　　　　马　兰　重庆市科能高级技工学校
　　　　　陈　岚　重庆市科能高级技工学校
　　　　　范媛元　重庆市科能高级技工学校
　　　　　莫　寄　重庆市科能高级技工学校

主　　审：曾祥富　重庆市渝北职业教育中心

前　言

本习题册是修订后的第二版《电工技术基础与技能习题册（电类专业通用）》，是“十四五”职业教育国家规划教材、中等职业教育课程改革国家规划新教材《电工技术基础与技能（电类专业通用）》（第二版）的配套教材。第二版保留了第一版的主要特色，并在第一版的基础上对习题及答案进行了补充和完善。总地来说，通过修订，体例更加合理统一，内容重点更加突出，表达更加简明易懂，配套资源更加丰富。编写本习题册的目的是：①扩大学生课后练习范围，进一步巩固课堂教学知识和技能；②由于主教材篇幅有限，习题量相对较少，以此作为重要补充；③增加教材使用的弹性，便于不同地区、不同学校、不同基础的学生选用；④方便教师改进教学，在一定范围内减轻他们的负担。

本习题册的题型有填空题、判断题、单项选择题、作图题、简答题、计算题和实践题七类，习题附有答案，可供教师选用时参考。其深度和难度的掌握及权重分配按下列原则执行：

1. 基础题：与大纲规定的必学内容配套。

2. 选做题：与大纲规定的选学内容配套。

3. 双证考试题：国家职业技能鉴定的中级电工与本习题册相关内容配套的习题，供参加双证考试的学生练习，在题号前用“*”标明。

4. 拔尖题：适当选择全国职业技能大赛中与本习题册相关的内容及近 3 年内的高职考试中与本课程相关的题目提供给尖子生练习。

为了适用于绝大多数学生，各类题型权重分配原则为：大纲必学内容习题占 70%，大纲选学内容习题占 20%，拔尖题占 10%。

本习题册的特点如下：

1. 严格按照大纲的要求把握其深度和难度。

2. 强调习题的基础性。本习题册面向大多数学生，非常注重结合学生的知识基础与技能基础。

3. 本习题册涉及的内容广泛，是主教材习题量的扩大和补充。

4. 突出实用。本习题册选用的题目力求避免公式推导和繁难计算，注重结合生产实际、生活实际。

本习题册由赵争召、刘晓书担任主编，辜小兵、王毅、范琼英担任副主编，李蓉、黄昌伟、曾楠、文欣、黄石磊、马玫益、刘术平 马兰、范媛元、莫寄等参与编写，由曾祥富担任主审。具体编写分工如下：赵争召、马玖益、黄石磊、刘术平、范媛元、莫寄共同编写单元1、单元2、单元4的练习题、检测题并提供答案，刘晓书、范琼英、马兰、陈岚共同编写单元3的练习题、检测题并提供答案；曾楠编写单元5的练习题、检测题并提供答案；刘晓书、黄昌伟、李虹燃共同编写全书检测题一～全书检测题五并提供答案；王毅、刘晓书、文欣共同编写全书检测题六～全书检测题八并提供答案；辜小兵负责审查、修改全书检测题一～全书检测题八及答案；文欣复核单元2练习题、检测题及答案；马玖益复核单元4练习题、检测题及答案；李蓉负责复核部分计算题答案；全书由赵争召统稿。

在编写本习题册的过程中，编者得到了重庆市渝北职教中心张扬群校长的关怀和大力支持，使编写工作得以顺利完成，在此致以诚挚的谢意！

由于编者水平有限，加之时间仓促，不足之处在所难免，恳请广大读者提出宝贵意见。

目　录

单元 1
课程导入准备

练　习　题

一、填空题

1. 下列常用工具的作用：

螺丝刀：____；

钢丝钳：____。

2. 万用表能测量的基本物理量有________、________和________。

3. 钳形表是在________断开电路时测量________流电流的。

4. 示波器是能够显示多种信号________的仪器。

5. 为了安全，用电器的金属外壳必须妥善________或________。

6. 国家规定，常用的安全电压等级有________V、________V、________V 和________V。

7. 人体触电的常见类型有________、________和________方式。

8. 预防触电的措施有________、________、________和________。

9. 将电器的__________和__________与大地做可靠的电连接，称为保护接地。

10. 当人体接触没有保护接地措施的漏电电器金属外壳时，漏电电流将通过__________流入大地。

11. 在电器金属外壳安装保护接地装置后，当人体接触该外壳时，大电流将通过__________流入大地，而微弱电流通过__________流入大地。

12. 按照安全用电要求，保护接地装置的接地电阻原则上在__________Ω左右。

13. 由于保护接地需要有一套可靠的接地装置，对于不具备条件的家庭和规模小的单位，在安全用电上，一般采用__________措施。

14. 口对口人工呼吸法的实施步骤是：______________、______________、__________及______________。

15. 胸外心脏压挤法的实施步骤是：______________、______________、____________及______________。

16. 如果触电者呼吸微弱、心脏停跳，应该采用的方法是____________________法和____________________法。

17. 做口对口人工呼吸时，成年人每分钟__________次，__________秒一个循环。

18. 胸外心脏压挤法的着力点位于____。

二、判断题

1. 钢丝钳多用于在较小空间操作，钳夹小零件等。 (   )

2. 在操作人员因工作需要，人体必须长时间接触带电线路和设备的场所，应采用12V 安全电压。 (   )

3. 人体的不同部位同时接触两相带电体造成的触电，称为两相触电。 (   )

4. 遇到熔丝突然烧断，手边没有合格熔丝时，可用其他金属丝临时代替，以保证用电。 (   )

5. 家庭用电中常用的空气开关具有自动保护措施功能。 (   )

6. 空中的架空线互相之间采取了一定距离，属于间距措施。 (   )

7. 电动机修理完工后，应认真检查，看是否有工具和材料遗留在机器内。 (   )

8. 保护接地是将用电器的金属外壳与供电系统的中性线做可靠电气连接。 (   )

9. 保护接零适用于中性点不接地的系统。 (   )

10. 保护接地适用于中性点不接地的高、低压供电系统。 (   )

11. 停电检修电路时，应认真策划，力求减小停电区域。 (   )

12. 为了安全，应该将保护接地线与供电系统的工作零线一起接牢在三脚插头的接地脚上。 (   )

13. 选用插座时，插座工作电流必须大于用电器工作电流峰值。 (   )

14. 对发射有害辐射的用电器，应当远离或废弃。 (   )

15. 判断触电者是否有呼吸，可用小纸条靠近他的鼻孔，看小纸条是否有被气流吹动的现象。 (   )

16. 瞳孔放大，说明触电者的大脑已经失去对瞳孔的调节功能。 (   )

三、单项选择题

1. 附近发生高压线掉落地下时，应采取的措施是(　　)。

A. 快速大步跑开　B. 双脚并拢跳开　C. 原地不动　D. 都不对

2. 扑救电气火灾时，应该选用的灭火器是(　　)。

A. 高压水枪　B. 泡沫灭火器　C. 干粉灭火器　D. 都不对

3. 将用电器的带电部分用金属与外界隔离，叫做(　　)。

A. 屏护措施　B. 间距措施　C. 绝缘措施　D. 自动断电措施

4. 在触电现场有一块干燥木板，使触电者脱离电源的措施是(　　)。

A. 用木板打断导线　B. 用木板把人与带电体隔开

C. 站在木板上把触电者拉离电源　D. 都不对

5. 如果有人在电线杆顶部触电，其抢救的正确措施是(　　)。

A. 爬上电线杆救人　B. 找寻有开关的地方关电源

C. 找有经验的电工师傅抢救　D. 抛扬接地软线使电路跳闸

6. 保护接零措施适用于(　　)。

A. 高压供电系统　B. 380V/220V 三相四线制供电系统

C. 所有供电系统都适用　D. 都不对

7. 将电器设备的金属外壳与供电网络的中性线连接，称为(　　)。

A. 保护接地　B. 保护接零　C. 保护接机壳　D. 都不对

8. 采用保护接地和保护接零措施的主要目的是(　　)。

A. 保护人身安全　B. 保护电气设备安全

C. 保护电气线路安全　D. 既保护人身安全又保护设备安全

9. 采用保护接零以后，如果设备绝缘损坏，机壳带电，当人体接触后，大部分漏电电流的通路是(　　)。

A. 机壳—中性线—大地

B. 机壳—人体—中性线—大地

C. 机壳—保护接零装置—中性线—大地

D. 机壳—保护接地装置—中性线—大地

10. 在有保护接地或保护接零的单相供电系统中，用电器的电源插头应选用(　　)。

A. 两脚插头　B. 三脚插头　C. 四脚插头　D. 都不对

11. 在分断电源总开关时，其操作次序是(　　)。

A. 先分断负荷开关，再分断隔离开关

B. 先分断隔离开关，再分断负荷开关

C. 两个开关同时分断

D. 都不对

12. 在金属管道内施工时，应该选用的安全电压等级是（　　）。

A. 42V　　B. 36V　　C. 24V　　D. 12V

13. 判断触电者心脏是否还有搏动的办法是（　　）。

A. 用手指触摸颈动脉感知是否有搏动

B. 用小纸条靠近鼻孔，观察是否有飘动

C. 比较瞳孔是否放大

D. 看胸部是否有起伏

四、简答题

1. 因生产需要，如果非要带电操作，施工前应该做好哪些准备工作？

2. 怎样根据不同的危险场所，正确选择安全电压等级？

3．你在生活中发现哪些用电器上采用了屏护措施？

4．移动家用电器时，为什么一定要拔下电源插头？

5．试说明保护接地装置保护人身安全的道理。

6．保护接地与保护接零两种措施的区别在哪些地方？

7. 为什么普通家庭和小单位多选用保护接零措施而不选用保护接地措施？

8. 简述口对口人工呼吸法的操作要点。

9. 口对口人工呼吸法和胸外心脏压挤法各适用于什么场合？

检 测 题

（满分 100 分，测试时间 45 分钟）

一、填空题（每空 2 分，共 32 分）

1. 在电器金属外壳安装保护接地装置后，当人体接触该外壳时，大电流将通过____________________流入大地，而微弱电流通过__________流入大地。

2. 保护接零是将用电器金属外壳与____________________连接，再通过接地装置与大地连接。

3. 保护接地与保护接零的相同点是____________________、__________________、____________________。

4. 保护接地适用于________________供电系统，而保护接零又适用于____________供电系统。

5. 一旦发生电气火灾，应该使用__________灭火器或__________灭火器灭火。

6. 对成年人做口对口人工呼吸时，每分钟__________次，每__________秒一个循环。

7. 如果触电者呼吸微弱、心脏停跳，应该采用的方法是：____________________法和____________________法。

8. 关闭总电源时，应该先分断____________________，后分断__________________。

二、判断题（每题 4 分，共 28 分）

1. 保护接零适用于中性点不接地的系统。（ ）

2. 由于保护接地需要有一套可靠的接地装置，对于不具备条件的家庭和规模小的单位，在安全用电上，一般采用保护接零措施。（ ）

3. 常用三孔插座上孔的接线柱应该接保护接地或保护接零线。（ ）

4. 判断触电者是否还有呼吸，可用手指探测颈动脉是否还有搏动。（ ）

5. 如果发现触电者眼皮会动、有吞咽动作时，即可停止抢救。（ ）

6. 发现触电者有心跳但呼吸微弱，可用口对口人工呼吸法。（ ）

7. 用电器的外壳不允许用湿布擦拭。（ ）

三、单项选择题（每题 4 分，共 24 分）

1. 保护接零措施适用于（　　）。

A. 高压供电系统　　B. 380V/220V 三相四线制供电系统

C. 所有供电系统都适用　　D. 都不对

2. 采用保护接地和保护接零措施的主要目的是（　　）。

A. 保护人身安全　　B. 保护电气设备安全

C. 保护电气线路安全　　D. 既保护人身安全又保护设备安全

3. 对成年人做人工呼吸时，要求每分钟做（　　）个循环。

A. 22～28　　B. 20～26　　C. 18～24　　D. 14～16

4. 采用胸外心脏压挤法时，压挤的着力部位是（　　）。

A. 十指，压挤触电者腹部　　B. 手掌，压挤触电者胸部

C. 掌根，压挤触电者胸骨以下横向 1/2 处　　D. 手掌全部着力，推压胸腹部

5. 用手指探测触电者心脏是否还在搏动的方法是（　　）。

A. 用小纸条探测鼻孔气流　　B. 用手指探测颈动脉

C. 观察瞳孔是否放大　　D. 看眼皮是否会动

6. 在有保护接地或保护接零的单相供电系统中，用电器的电源插头应选用（　　）。

A. 两脚插头　　B. 三脚插头　　C. 四脚插头　　D. 都不对

四、简答题（16 分）

试比较保护接地与保护接零两种用电保护措施的异同点。

单元 2
直流电路

练 习 题

一、填空题

1. 电路由________、________、________和________组成。

2. 用文字、符号、图形表述实际电路和器材、元器件的书面图形称为________。

3. 请完成下表关于物理量的填空。

物理量	符号	单位名称	单位符号	物理量	符号	单位名称	单位符号
电流				电阻			
电压				电能			
电位				电功率			
电动势							

4. 电流的方向规定为________定向移动的方向。电压的方向规定由________指向________。电动势的方向规定为在________内部由________指向________。

5. 一只220V/100W的灯泡,其额定电流是________,灯丝的热态电阻是________。

6. 在电路的分析计算中,往往要假定某一方向作为电流、电压的________,当计算结果为正值,说明假定的方向与实际方向是________的。

7. 电源和负载的本质区别是:电源是把________能转换成________能,而负载是把________能转换为________能。

8. 在全电路中,电源内部电流由________极流向________极;在电源外部,由________

极流向________极，从而构成闭合回路。

9. 测量电流做功用________表。

10. 电路开路时，外电路两端电压等于________。

11. 电阻串联时，由于电路各处________相同，其消耗的功率与电阻值成________比。

12. 电阻并联时，由于电路两端________相同，其消耗的功率与电阻值成________比。

13. 3 只阻值均为 R 的电阻通过不同形式的组合，其等效电阻分别为________、________、________和________。

14. 测电流时，电流表应该________联于电路中；测电压时，电压表必须________联于被测电路上。

15. 一电阻在两端电压为 4V 时，通过的电流为 0.5A，该电阻的阻值为________Ω；当两端电压升至 8V 后，该电阻的阻值为________Ω。

16. 已知电阻 $R_1=2R_2$，使之串联，则通过 R_1 与 R_2 的电流之比是________，R_1 与 R_2 两端电压之比是________；R_1 与 R_2 消耗的功率之比是________。

17. 电路如图 2.1 所示，已知 R_2 的功率为 2W，则电阻 $R_1=$______Ω，$R_2=$______Ω，$R_3=$________Ω。

18. 在图 2.2 所示电路中，应该有________个节点，________条支路，________个回路，________个网孔。

19. 汽车蓄电池的额定电压是 12V，如果要用 MF47 型万用表测其端电压，应该置于________挡，量程选择为________V。

20. 电路如图 2.3 所示，已知电源电动势 $E=12\text{V}$，内阻 $r=0.2\Omega$，$R_{\text{L}}=5.8\Omega$，则端电压 $U_{ab}=$________V。

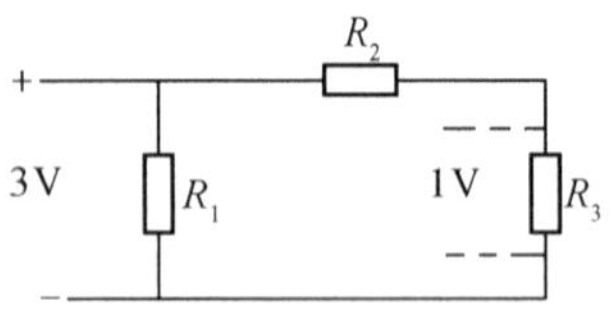

图 2.1 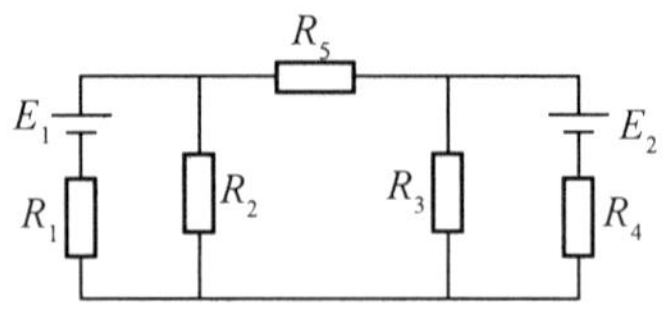　　　　图 2.2 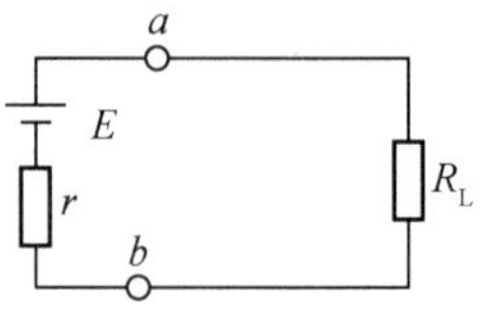　　　　图 2.3

二、判断题

1. 一次电池包括干电池、镍氢电池、锂电池等。（　　）

2. 电流在单位时间内所做的功被称为电能。（　　）

3. 指针式万用表电阻刻度线是不均匀的，指针越偏向右边，所指示的电阻值越小。（　　）

4. 用万用表测量电流时，必须将其串入电路中，红、黑表笔应分别接触电路的高、低电位点。（　　）

5. 温度升高，电阻值变大的电阻称为正温度系数电阻。（　　）

6. 为了保证电接触良好，测电阻时两手应握紧万用表表笔和电阻的两端。（　　）

7. 蓄电池在充电时，也扮演着电源的角色。（　　）

8. 在直流电路中，电流总是由高电位流向低电位。（　　）

9. 在电压一定时，负载的大小是指通过负载电流的大小。（　　）

10. 人们规定，正电荷移动的方向就是电流的实际方向。（　　）

11. 如果电场中某两点的电位都很高，则这两点间的电压一定也很高。（　　）

12. 电流做功的过程，就是将电能转换成为其他形式能量的过程。（　　）

13. 电动势和电压的单位相同，它们都是电场力做功的结果。（　　）

14. 将一只电阻连接到电路中的两点之间，若电阻中无电流通过，表明这两点间电位为零。（　　）

15. 一只电阻，当它消耗的功率越大时，它所消耗的电能也越大。（　　）

16. 几个电阻并联后的等效电阻必定小于任何一条支路的电阻。（　　）

17. 电源电动势的大小由电源本身的性质决定，与外电路的变化无关。（　　）

18. 在电路中的任何一个节点上，流入该节点电流之和必定等于流出该节点电流之和。（　　）

19. 用基尔霍夫电流定律解复杂电路时，电路中有 n 个节点，可以建立 n 个方程。（　　）

20. 在 WF47 型万用表表盘上读数时，人眼必须在表盘正上方，而且使指针与反射镜里的像重合时读数最准。（　　）

三、单项选择题

1. 要提高电源电动势，其做功的主体是（　　）。

A. 电场力　　B. 电源力

C. 电源以外的外力　　D. 静电力

2. 电路中两点之间的电压越高，则（　　）。

A. 这两点之间的电位差越大　　B. 这两点之间电位都高

C. 两点电位都是正值　　D. 两点电位都是负值

3. 白炽灯的灯丝烧断后，重新搭上并继续使用，其发光亮度（　　）。

A. 比原来的暗　　B. 比原来的亮　　C. 与原来一样亮　　D. 完全不亮

4. 在电源电动势为 E、内阻为 r，外电路负载为 R 的电路中。当负载电阻阻值减小时，电源两端的电压（　　）。

A. 增大　　B. 减小　　C. 不变　　D. 不能判定

5. 电动势与电压的相同点是（　　）。

A. 方向一致　　B. 单位一致

C. 物理意义相同　　D. 存在的场合一样

6. 一只灯泡接入电路中，开启电源后，灯丝微红，不能正常发光，其原因是（　　）。

A. 电路不通　　B. 灯丝烧断　　C. 灯泡功率太小　　D. 供电电压不足

7. 导体的电阻值的大小（　　）。

A. 与流过它的电流成正比　　B. 与它两端所加电压成正比

C. 与流过它的电流成反比　　D. 以上说法都不对

8. 通常说的负载大，是指（　　）。

A. 负载的电压高　　B. 负载电阻值大　　C. 负载电阻值小　　D. 都不对

9. 电路如图 2.4 所示，已知 $R_1=R_2=R_3=12\Omega$，则 A、B 之间的等效电阻为（　　）。

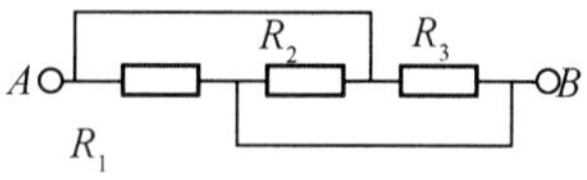

A. 36Ω　　B. 18Ω

C. 8Ω　　D. 4Ω

图 2.4

10. 在图 2.4 中，3 只电阻的连接关系属于（　　）。

A. 串联　　B. 并联　　C. 混联　　D. 都不是

11. 一段电线电阻值为 16Ω，现从中间对折后，两端电阻为（　　）。

A. 16Ω　　B. 8Ω

C. 4Ω　　D. 32Ω

12. 电路如图 2.5 所示，其 A、B 两点间的等效电阻为（　　）。

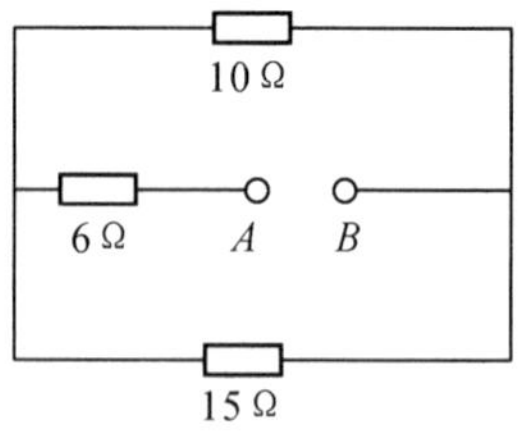

A. 6Ω　　B. 12Ω

C. 18Ω　　D. 24Ω

图 2.5

13. 电路如图 2.6 所示，当可变电阻的滑动触点向右滑动时，A 表与 V 表的读数变化趋势是（　　）。

A. A、V 表都增大

B. A 表减小，V 表增大

C. A 表增大,V 表减小

D. A、V 表都减小

14. 在图 2.7 中,已知 $E_1=20V$,$E_2=60V$,$R_1=2\Omega$,$R_2=2\Omega$,$R=19\Omega$,则通过 R 的电流为(　　)。

A. 3A　　B. 5A

C. 8A　　D. 2A

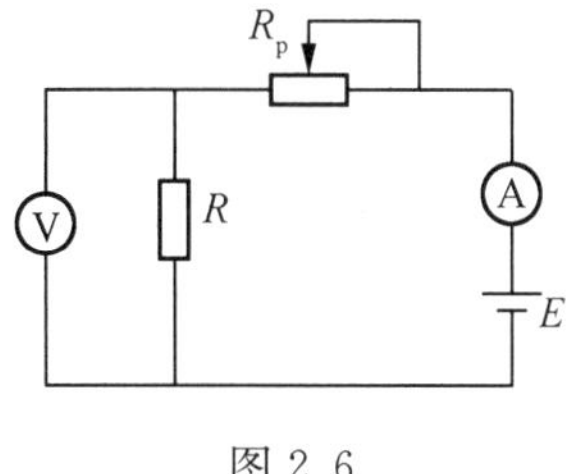

图 2.6

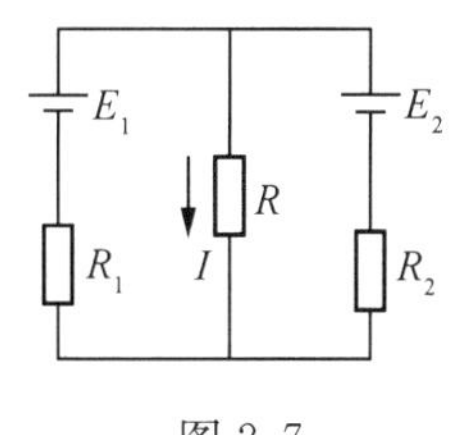

图 2.7

15. 电路如图 2.8 所示,该电路的等效电阻是(　　)。

A. 2Ω　　B. 3Ω

C. 4Ω　　D. 6Ω

16. 3 只完全相同的灯泡 A、B、C,连接成如图 2.9 所示的电路,当开关 S 由闭合变为分断时,灯泡 A、B、C 各自的变化规律是(　　)。

A. A 变亮,B 变暗　　B. A 变暗,B 变亮

C. A、B 都变亮　　D. A、B 都变暗

17. 电路如图 2.10 所示,该电路的等效电阻 R_{ab} 为(　　)。

A. 5Ω　　B. 4Ω

C. 3Ω　　D. 2Ω

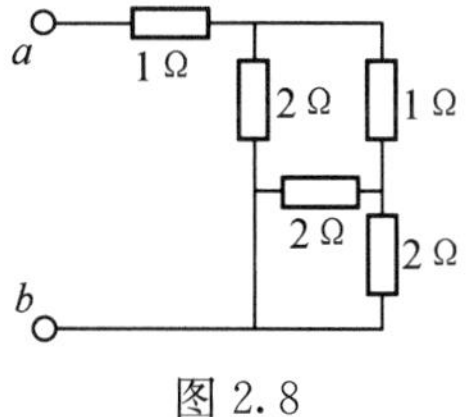

图 2.8

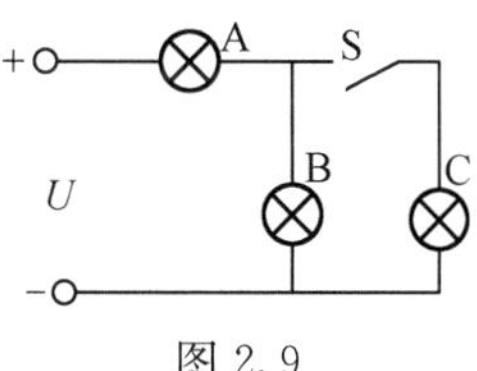

图 2.9

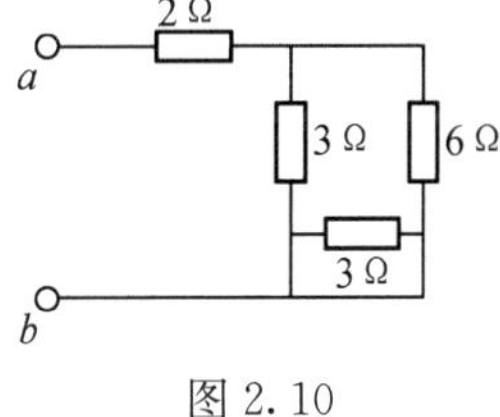

图 2.10

18. 在电路中与参考点选择有关的物理量是(　　)。

A. 电流　　B. 电压

C. 电位　　D. 电动势

19. 设加在电阻 R 上的电压为 U 时，该电阻上消耗的功率为 1W，现在将电压增大 1 倍，则该电阻上消耗的功率为（　　）。

A. 4W　　B. 3W　　C. 2W　　D. 1W

20. 用电压表测得某电路两端电压为 0，其原因是（　　）。

A. 外电路开路　　B. 外电路短路

C. 外电路电流减小　　D. 电源内阻为零

21. 电路如图 2.11 所示，R 为一可变电阻，若电源电动势为 E，内阻为 r，要电源能输出最大功率，则可变电阻值应为（　　）。

A. R 最大

B. R 最小

C. $R=r$

D. $R=\dfrac{1}{2r}$

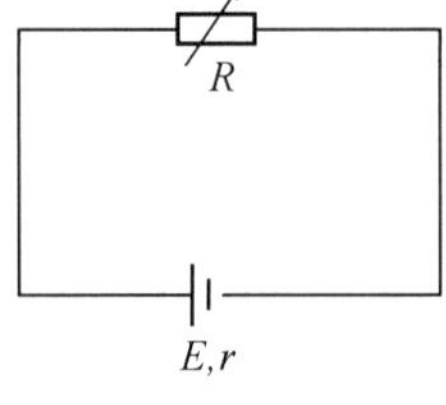

图 2.11

22. 并联电路中加在每个电阻两端的电压都（　　）。

A. 不等　　B. 相等

C. 等于各电阻电压之和　　D. 以上说法都不对

23. 部分电路欧姆定律反映了在（　　）的一段电路中，电流与这段电路两端的电压及电阻的关系。

A. 含电源　　B. 不含电源　　C. 含电源和负载　　D. 不含电源和负载

24. 通电直导体在磁场中所受力的方向，可以通过（　　）来判断。

A. 安培定则　　B. 楞次定律　　C. 右手定则　　D. 左手定则

25. 一只 220V/100W 的灯泡，其额定电流为（　　）A。

A. 0.45　　B. 2.2　　C. 0.5　　D. 100

四、作图题

1. 试画出图 2.12 所示实验电路的电路模型。

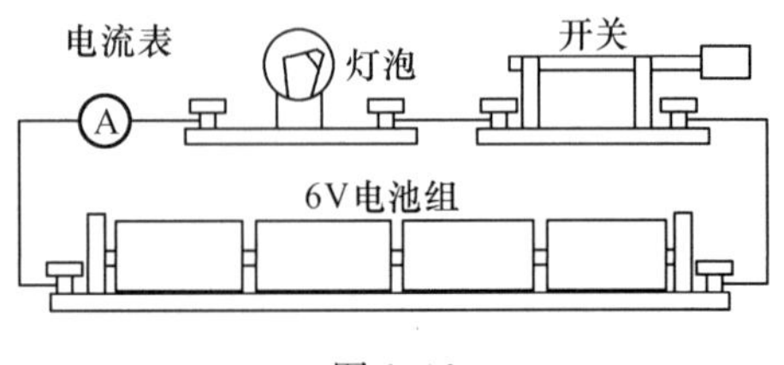

图 2.12

2. 试画出小截面单股铜芯线分步直线连接的工艺过程示意图。

3. 在图2.13所示的空白电阻体上用色环法标出阻值为36K，误差为5%的电阻参数（不用彩色，只在环上用文字注明）。

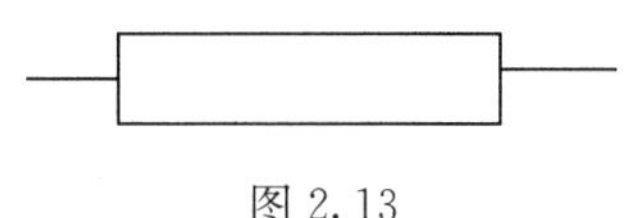

图2.13

五、简答题

1. 电池用完后应该怎样处理？为什么不能乱扔？

2. 使用万用表前，应该分别调整机械零位和电阻零位，它们各自应该怎样调整？

3．一只灯泡标有220V/100W的字样，它的含义是什么？

4．要扩大电压表与电流表的量程，各自应该采用什么样的方法？

5．电阻上所消耗的功率 $P=I^2R$，也可以表示为 $P=U^2/R$。从前式看，是 R 越大，P 越大；从后式看，是 R 越大 P 越小。你怎样来解释这个矛盾？

*6．怎样检查一块兆欧表是否可用？如果用兆欧表测量一台电动机绕组的对地绝缘电阻，应当怎样操作？

*7. 用凯尔文电桥测量电阻的阻值时,被测电阻应怎样接入仪表电路?

8. 在选择使用电线、电缆时,为了安全可靠,应该注意哪些问题?

9. 以一根横截面面积为 $2.5mm^2$ 的聚氯乙烯绝缘单股铜芯线为例,试分析其线头绞接的工艺过程。

10. 如果主电路供电正常,你怎样用电阻法检查一盏白炽灯不亮的故障点?

11. 当导线线头连接完工后，怎样去恢复它的绝缘层？

12. 万用表可以测量电流、电压和电阻等物理量，试回答：

(1) 测量电流、电压时，万用表与被测电路怎样连接？

(2) 为了测量准确和保护仪表，在测量电阻前应该注意些什么？

六、计算题

1. 在功率为 2.5W、额定电压为 1.5V 的小电珠上串联一只电阻 R，接于电动势 $E=6\text{V}$、内阻 $r=2\Omega$ 的电源上，通电后电珠能正常发光，试计算电阻 R 的阻值。

2. 有一只满度电流 $I_g=50\mu\text{A}$、内阻 $r_g=3\text{k}\Omega$ 的微安表头，现要将其改装成量程为 10V 的电压表，问该表头上应该串联多大阻值的分压电阻？

3. 现有一只满度电流 $I_g=40\mu A$、内阻 $r_g=2k\Omega$ 的微安表头，现将其改装成量程为 10mA 的电流表，问该表头上应该并联多大阻值的分流电阻？

4. 今有阻值分别为 $R_1=R_2=R_3=10\Omega$ 的 3 只电阻，试问它们有几种连接形式？试分别画出它们各自的电路图，并求其等效电阻。

5. 电路如图 2.14 所示，已知电源电动势 $E=220V$，内阻 $r=1\Omega$，负载电阻 $R=10\Omega$，试求通过 R 的电流。现有 3 个电源，其电动势均与之相等，额定电流分别为 15A、25A 和 60A，试判断哪一个最适合作为该电路的最佳电源。

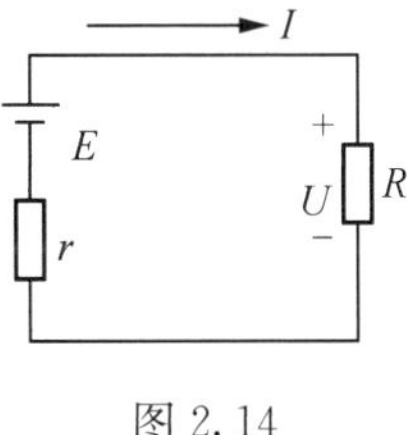

图 2.14

6. 有一只电炉，额定电压和额定功率分别为220V、2000W，将它接在电动势为220V、内阻为0.8Ω的电源上，试求：①电炉所消耗的功率；②内电路所损耗的功率；③电源输出的总功率。

7. 一只电阻两端加上8V电压时，通过的电流是2mA。如果给它加上50V电压，能否用量程为10mA的电流表去测它的电流？

*8. 电路各参数如图2.15所示，已知在标为3Ω的电阻上消耗的功率为300W，试求电阻R的阻值。

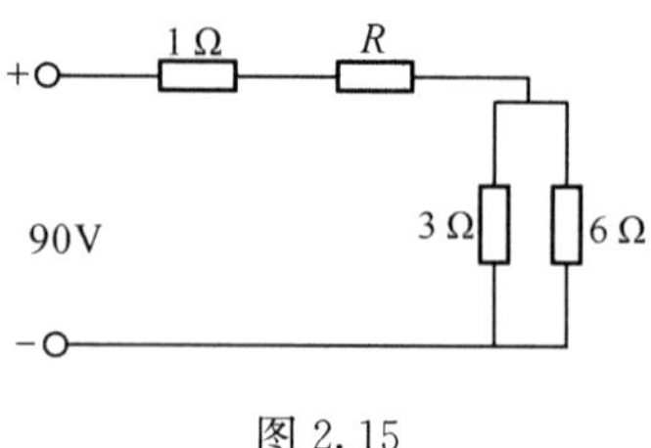

图2.15

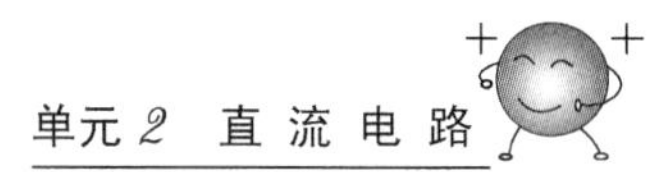

9. 电路如图 2.16 所示,已知电动势 $E=30\text{V}$,电源内阻不计,外电路电阻 $R_1=240\Omega$,$R_2=R_5=600\Omega$,$R_3=R_4=200\Omega$。试求通过 R_1、R_2 和 R_3 的电流。

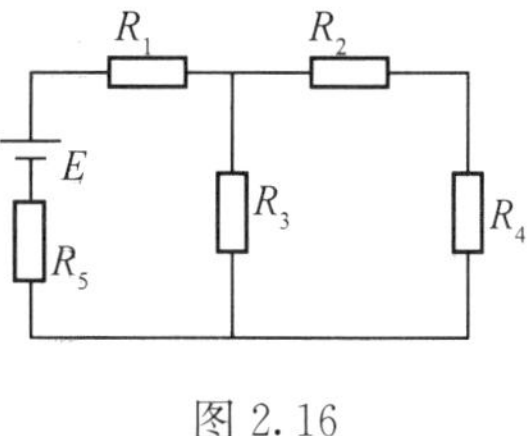

图 2.16

10. 已知在电阻 R 上加上 50V 直流电压后,通过该电阻的电流是 10A。如果只给该电阻加上 10V 电压,则此时它所消耗的功率是多少?

11. 在图 2.17 所示的电路中,已知 $E_1=6\text{V}$,$E_2=1\text{V}$,$R_1=1\Omega$,$R_2=2\Omega$,$R_3=3\Omega$,试求 3 条支路的电流。

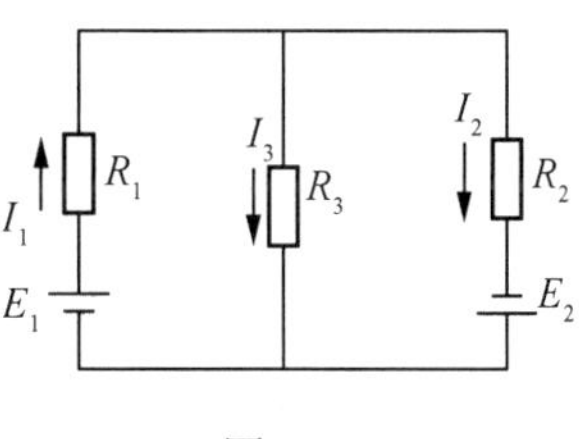

图 2.17

12. 某教室有 40W 荧光灯 12 盏，每天开灯 5h，一个月以 30 天计，试计算这间教室一个月要用多少千瓦时电。

七、实践题

观察你家里的电能表，记下面板上每千瓦时电铝盘的转数，然后统计 2min 铝盘共旋转多少转，从而计算出你家的电能表此时所通过的电流。以单相交流电 1kW 有 5A 电流估算。

检测题

（满分 100 分，测试时间 90 分钟）

一、填空题（每空 2 分，共 32 分）

1. 电路由________、________、________和________组成。

2. 电源是将________能转换成________能的装置，负载是将________能转换成________能的装置。

3. 在电路中形成电流的基本条件是：①____________________________；②____________________________。

4. 科学上将电流的方向规定为________定向移动的方向。在金属导体中，实际电荷定向移动的方向与电流方向________。因为金属导体中运载电流的是________。

5. 一只电阻体上标明了如图 2.18 所示的相关参数，则它的电阻值是______Ω，允许误差是________。

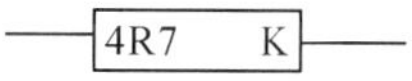

4R7 K

图 2.18

6. 测量电流做功用________表。

二、判断题（每题 2 分，共 20 分）

1. 手机常用的锂电池可以反复充电，但具有记忆效应。（ ）

2. 用文字、符号和图形表述的电路称为电路模型。（ ）

3. 电流在单位时间内所做的功称为电能。（ ）

4. 调整万用表的电阻零位时，将两表笔短接，再旋动电阻调零旋钮使表针指零。（ ）

5. 要扩大电压表的量程，必须在它的表头上并联分流电阻。（ ）

6. 电源电动势的大小取决于外电路负载的大小。（ ）

7. 在电阻并联电路中，电阻越小，所分得的电流越大。（ ）

8. 当信号源内阻等于负载电阻时，负载可以从电源吸收最大的功率。（ ）

9. 在电源内部，电动势的方向规定为从电源负极指向正极。（ ）

10. 电功率指的是电流做功。（ ）

三、单项选择题(每题 3 分,共 18 分)

1. 图 2.19 为某一电阻功率大小的符号,它所表示的功率为(　　)。

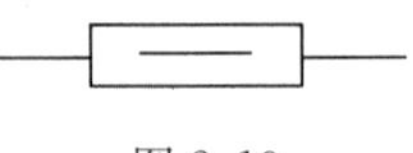
图 2.19

A. 1W　　B. 0.5W

C. 0.2W　　D. 0.1W

2. 测得一根电阻丝阻值为 16Ω,现在将其对折,重新测量其电阻值为(　　)。

A. 32Ω　　B. 16Ω

C. 8Ω　　D. 4Ω

3. 电路如图 2.20 所示,电路中的 3 只白炽灯泡完全相同。当开关 S 闭合接通电路时,白炽灯 A、B 亮度的变化规律是(　　)。

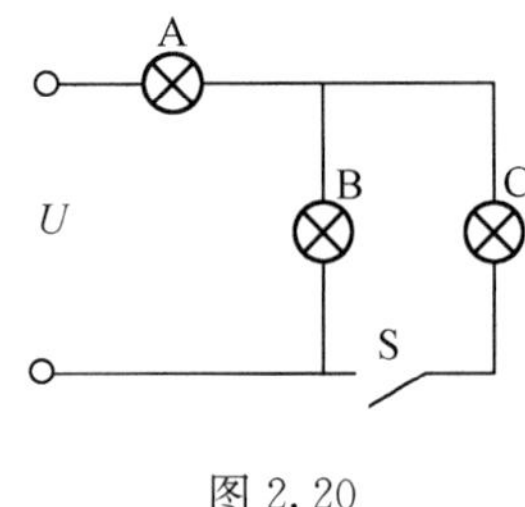

图 2.20

A. A 变亮,B 变暗

B. A 变暗,B 变亮

C. A、B 都变暗

D. A、B 都变亮

4. 有 110V/60W 和 110V/40W 的灯泡各一只,将它们串入 220V 的电路中,其亮度比较是(　　)。

A. 60W 的比 40W 的亮

B. 40W 的比 60W 的亮

C. 两个一样亮

D. 都不对

5. 电路如图 2.21 所示,该电路的等效电阻 R_{ab} 为(　　)。

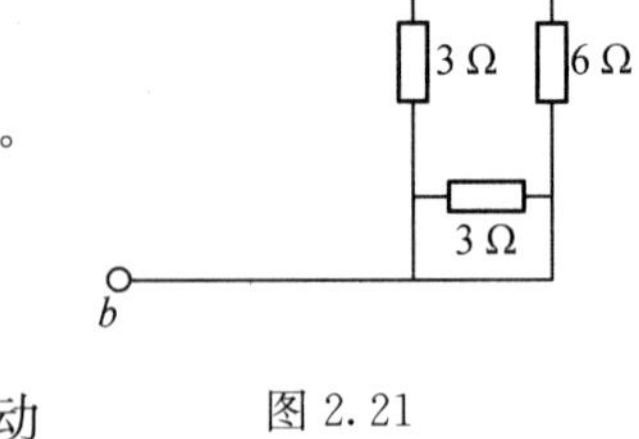

图 2.21

A. 8Ω　　B. 6Ω

C. 4Ω　　D. 2Ω

6. 电路如图 2.22 所示,当可变电阻的滑动触点向右滑动时,A 表与 V 表的读数变化趋势是(　　)。

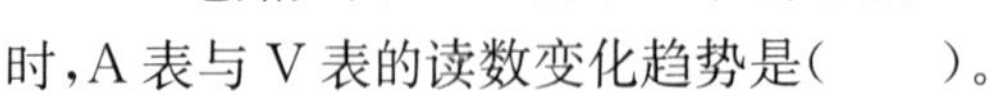
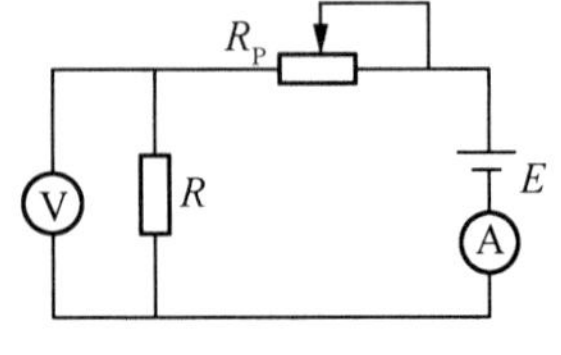

图 2.22

A. A 表增大,V 表也增大

B. A 表减小,V 表增大

C. A 表增大,V 表减小

D. A、V 表都减小

四、作图题(每题 3 分,共 6 分)

1. 请将图 2.23 所示器材用导线连接成一个使灯泡能正常发光的电路。

图 2.23

2. 在图 2.24 所示的空白电阻体上用色环法标出电阻值为 3K3、误差为 10%的电阻参数(色环颜色用文字说明)。

图 2.24

五、简答题(每题 5 分,共 10 分)

1. 你怎样用一台兆欧表检测电动机绕组对外壳的绝缘电阻?

2. 简述在微安表上并联分流电阻扩大电流表量程的道理。

六、计算题(每题7分,共14分)

1. 电路如图2.25所示,已知电阻 $R_1=10\Omega$,$R_2=3\Omega$,$R_3=6\Omega$,电源电动势 $E=12V$,试求该电路的等效电阻、通过 R_2 的电流、R_2 两端电压和它所消耗的功率。

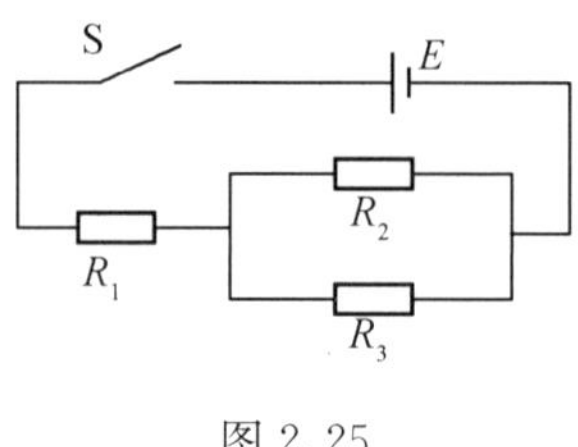

图2.25

2. 在图2.26所示电路中,已知 $E_1=130V$,$E_2=117V$,$R_1=1\Omega$,$R_2=0.6\Omega$ 和 $R_3=24\Omega$,试求3条支路的电流。

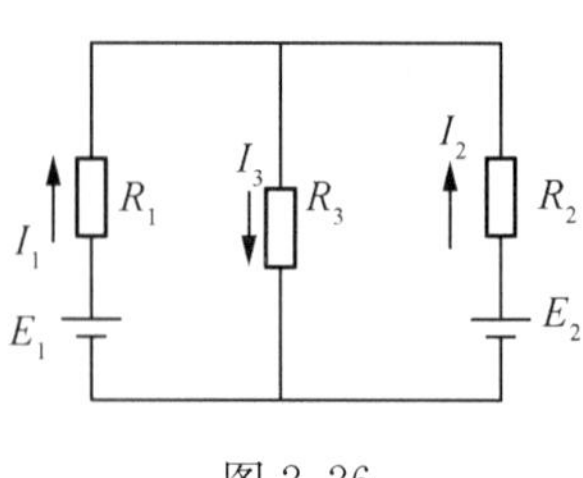

图2.26

单元 3
电容与电感

练　习　题

一、填空题

1. 两块金属用绝缘介质相隔时，就可以构成________，它是储能元件。

2. 如果电容器端电压为 10V 时，极板上的电量为 1C，这个电容器的电容量为________；当它的两端电压为 2V 时，其极板上的电量为________。

3. 根据电容器串并联的特性，当电容器的耐压很高而容量较小时，可将几个电容器________联使用，以增加其________。

4. 从电容器充放电过程可知，它是一个________元件，________是用来衡量电容器储存电能本领的。

5. 电容器的________不能突变，具有________特性。

6. RC 串联电路中若 $R=10\Omega$，$C=100\mu F$，则其时间常数 $\tau=$________。

7. RC 串联电路的初始值可以用________来确定。

8. 如图 3.1 所示，已知 $E=100V$，电阻器的电阻值为 100Ω，开关 S 闭合瞬间电路中的电流为________，电路进入稳态以后，电路中的电流为________。

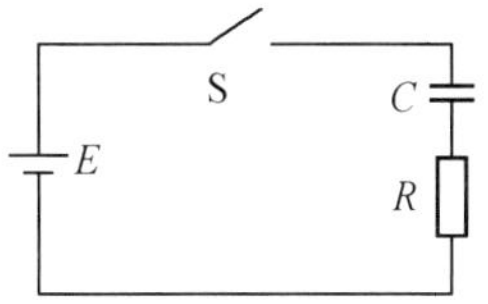

图 3.1

9. 通电导体周围存在着磁场，磁场的方向可以用________来判定。

10. 具有磁性的物体叫作________。在磁体周围存在着磁场，人们常常用________来描述它。

11. 根据相对磁导率的大小可把物质分为________、________、________3类。

12. 磁性材料从无磁状态开始磁化的过程中，磁感应强度 B 随磁场强度 H 变化而变化的关系曲线称为________。

13. 根据磁性物质磁滞回线的形状可把磁性物质分为________、________、________三大类。

14. 磁路是为磁通（磁感线）提供的路径。磁通在磁路中通过铁磁材料时，会受到__________作用，这种阻碍作用类似电路中的电阻 R 对电流的阻碍作用，我们把磁路中的这种阻碍作用称为________。

15. 磁屏蔽就是利用高导磁材料为干扰磁场提供一个________磁路，避免干扰磁场穿过设备而影响设备的正常工作。

16. 导体在磁场内切割磁感线运动时产生的电动势，叫作________。导体在单位时间内切割的磁感线越多，则________越大，反之则小。

17. 当通过线圈中的电流增加时，线圈产生的感应电动势________电流的增加；当通过线圈中的电流减小时，线圈产生的感应电动势________电流的减小，由此可知电感线圈中的电流不能________。

18. ________是一种电磁感应电流，它的形状如同水中的旋涡。在电气设备的铁心中，要预防涡流发热带来的危害，另外，也可以利用________来熔化金属。

19. 当电流分别从两线圈的________同时流入（或流出）时，两线圈产生的磁通方向相同。

20. 变压器不但能改变电源的电压，还能进行________变换，其公式为________。

二、判断题

1. 固定电容器的电容量与极板所带电量成正比，与极板间电压成反比。（　　）
2. 电容器串联后的等效电容比其中任何一个都大。（　　）
3. 电容器并联后的等效电容比其中任何一个都大。（　　）
4. 电容器的电容量越大，所储存的电能越多。（　　）
5. 电容器的电容量越大，储存电能的本领越强。（　　）
6. 交变磁场中的磁性物质的磁感应强度 B 与外磁场强度 H 的关系是一条闭合曲线。（　　）
7. 物质被反复磁化的过程中，会产生磁滞损耗。（　　）
8. 消磁是磁性物质被磁化的逆过程。（　　）
9. 电动机与变压器的铁心用很薄的硅钢片做成，就是为了减小磁滞损耗。（　　）

10. 穿过线圈回路的磁通发生变化时，该线圈就会产生感应电流。　(　　)

11. 穿过某闭合回路磁通越多，线圈所产生感应电动势就越高。　(　　)

12. 线圈产生感应电动势时不一定会产生感应电流。　(　　)

13. 电感器是一个储能元件，电感量的大小反映了它储存电能本领的强弱。　(　　)

14. 铁心线圈的电感量会随着电流的变化而变化，它是非线性电感器。　(　　)

15. 在同一个磁通作用下的线圈，其瞬时极性相同的线圈端称为同名端。　(　　)

16. 自感是线圈自身发生的电磁感应现象，互感是两个线圈之间发生的电磁感应现象。　(　　)

17. 变压器的阻抗变换常常应用于电子电路中的阻抗匹配，使负载能获得最大的功率。　(　　)

18. 变压器可以把电源电压升高，也可以把电源电压降低，但是不能改变电源的频率。　(　　)

19. 在纯电感电路中，电压超前电流 90°。　(　　)

20. 在纯电容电路中，电压超前电流 90°。　(　　)

三、单项选择题

1. 电容 C_1、C_2 串联，其中 C_1 的电容量是 C_2 电容量的一半，则加上电压后，C_1、C_2 所带电量 Q_1、Q_2 间的关系是(　　)。

A. $Q_1=Q_2$　　B. $Q_1=2Q_2$　　C. $2Q_1-Q_2$　　D. Q_1-3Q_2

2. 电容 C_1、C_2 并联，其中 C_1 的电容量是 C_2 电容量的一半，则加上电压后，C_1、C_2 所带电量 Q_1、Q_2 间的关系是(　　)。

A. $Q_1=Q_2$　　B. $Q_1=2Q_2$　　C. $2Q_1=Q_2$　　D. $Q_1=3Q_2$

3. 关于电容器的电容量，下列说法不正确的是(　　)。

A. 电容量跟电容器极板的面积成正比　　B. 电容量跟电容器两极板间的距离成反比

C. 可变电容器的电容量是可以调节的　　D. 电容量越大的电容器储存的电能越少

4. 下列说法不正确的是(　　)。

A. 电容器串联可以提高电路的耐压能力

B. 电容器并联使电容器的总容量增大

C. 电容器串联后，每只电容器承受的电压与其电容量成反比

D. 电容器串联后接入电路中，首先被击穿的是电容量最大的电容器

5. 如图 3.2 所示，当直导体 ab 在均匀磁场中匀速向左运动时，下列说法不正确的是（　　）。

A. 直导体 ab 产生感应电动势

B. 直导体 ab 产生的感应电动势的方向为 a 指向 b

C. 没有电流流过直导体 ab

D. 直导体 ab 产生的感应电动势的方向为 b 指向 a

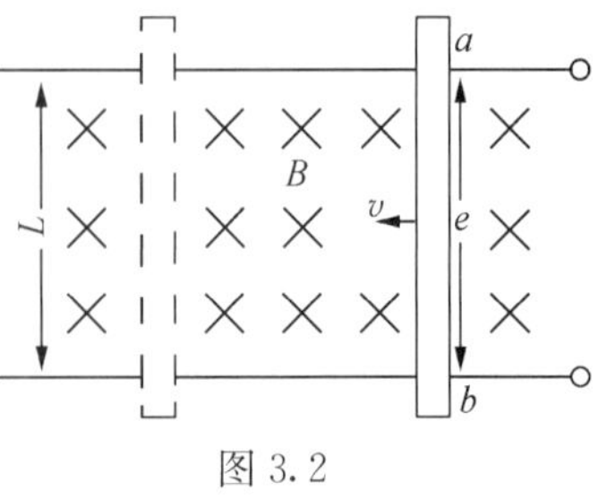

图 3.2

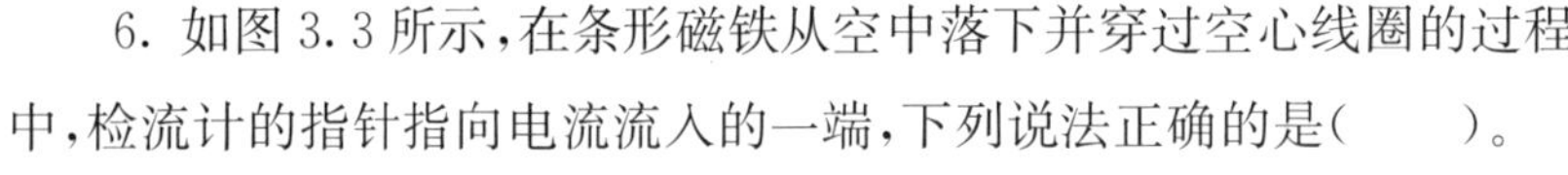
6. 如图 3.3 所示，在条形磁铁从空中落下并穿过空心线圈的过程中，检流计的指针指向电流流入的一端，下列说法正确的是（　　）。

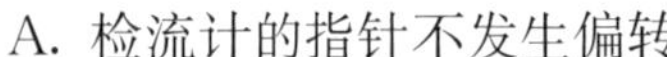
A. 检流计的指针不发生偏转

B. 检流计的指针偏向上端

C. 检流计的指针偏向下端

D. 检流计的指针先偏向下端，后偏向上端

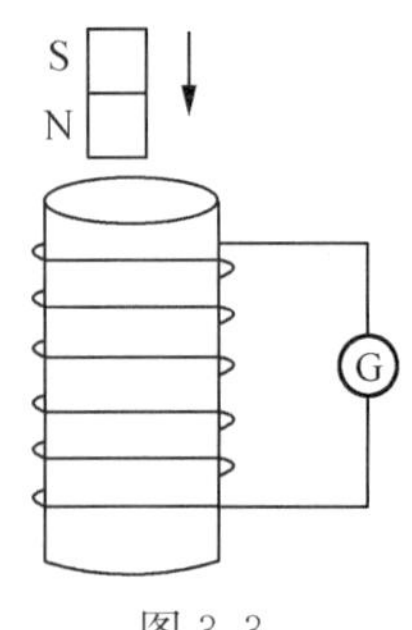

图 3.3

7. 如图 3.4 所示，下列说法错误的是（　　）。

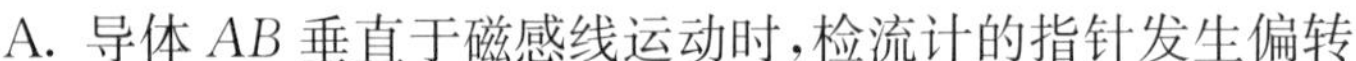
A. 导体 AB 垂直于磁感线运动时，检流计的指针发生偏转

B. 导体 AB 平行于磁感线运动时，检流计的指针发生偏转

C. 导体 AB 切割磁感线的速度越快，检流计指针偏转的角度越大

D. 导体切割磁感线的方向变了，检流计的偏转方向也会跟着改变

8. 如图 3.5 所示，A 为不闭合金属环，B 为闭合金属环，当条形磁铁向左运动时，其现象为（　　）。

A. A、B 环都向左运动　　B. A、B 环都向右运动

C. A 环不动，B 环向右运动　　D. A 环不动，B 环向左运动

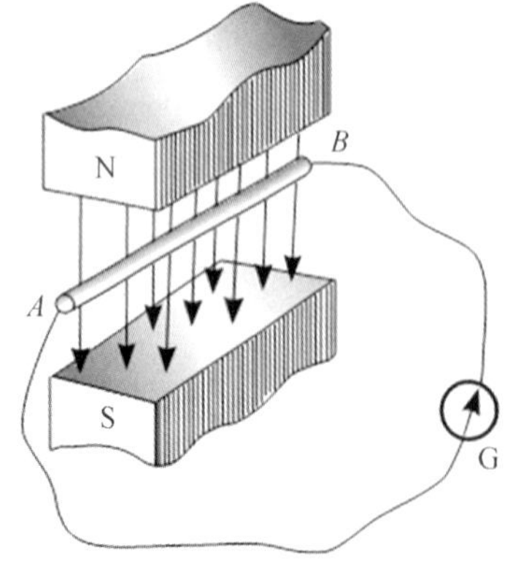

图 3.4

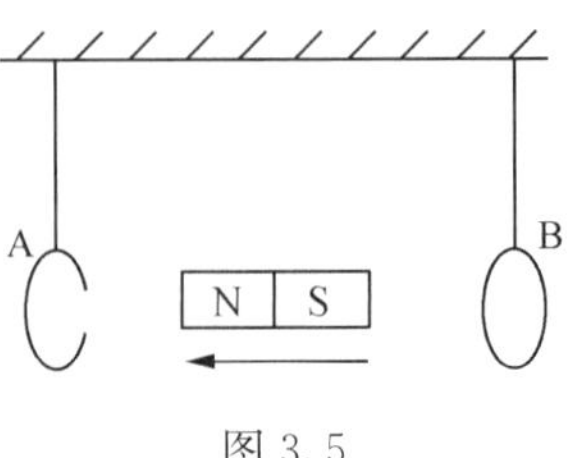

图 3.5

9. 下列说法中错误的是(　　)。

A. 通过线圈的磁通发生变化时,线圈会产生感应电动势

B. 通过线圈的磁通越大,线圈所产生的感应电动势越大

C. 通过线圈的磁通变化越快,线圈所产生的感应电动势越大

D. 法拉第电磁感应定律不能判断感应电动势的方向

10. 下列说法中不正确的是(　　)。

A. 通过线圈的磁通增加时,线圈中的感应电流所产生的磁通阻碍原磁通的增加

B. 通过线圈的磁通减小时,线圈中的感应电流所产生的磁通阻碍原磁通的减小

C. 通过线圈的磁通发生变化时,线圈中的感应电流所产生的磁通阻碍原磁通的变化

D. 线圈中的感应电流所产生的磁通总是与原磁通方向相反

11. 关于自感实验,下列结论中错误的是(　　)。

A. 通过线圈的电流增加时,线圈产生的感应电动势所产生的感应电流阻碍原电流的增加

B. 通过线圈的电流减小时,线圈产生的感应电动势所产生的感应电流阻碍原电流的减小

C. 通过线圈的电流发生变化时,线圈产生的感应电动势所产生的感应电流阻碍原电流的变化

D. 通过线圈的电流发生变化时,线圈产生的感应电动势所产生的感应电流总是与原电流方向相反

12. 关于磁场对载流直导体的作用小实验,下列说法中错误的是(　　)。

A. 直导体所受电磁力的方向可以用右手定则来判定

B. 当直导体与磁感线平行放置时,所受的电磁力 F 为零

C. 当直导体与磁感线垂直放置时,所受的电磁力 F 最大

D. 直导体所受的电磁力 F 的大小与通过导体的电流 I、与该导体所处位置的磁感应强度 B、与导体和磁感线夹角的正弦成正比

13. 关于磁场对通电矩形线圈的作用小实验,下列说法中错误的是(　　)。

A. 矩形线圈所受电磁转矩的方向可以用左手定则来判定

B. 当矩形线圈与磁感线平行放置时,所受的电磁转矩 M 最大

C. 当矩形线圈与磁感线垂直放置时,所受的电磁转矩 M 为零

D. 矩形线圈所受的电磁转矩 M 的大小与通过线圈的电流 I、与该线圈所处位置的磁感应强度 B、与线圈平面和磁感线夹角的正弦成正比

14. 关于磁阻，下列说法中错误的是（　　）。

A. 磁阻的大小与磁路的长度成正比，与磁路的横截面面积成反比

B. 磁路磁阻的大小与组成磁路的磁性材料有关

C. 磁阻反映了磁路对电流阻碍作用的大小

D. 磁路的磁阻类似于电路中的电阻

15. 如图 3.6 所示，下列说法中正确的是（　　）。

A. 滑动电阻器的滑片向左移动时，导线 AB 与 CD 互相吸引

B. 滑动电阻器的滑片向右移动时，导线 AB 与 CD 互相吸引

C. 无论滑片怎么移动，导线 AB 与 CD 都是互相排斥的

D. 以上说法都不对

16. 如图 3.7 所示，当开关 S 闭合的瞬间，下列说法中正确的是（　　）。

A. 线圈 A 中产生感应电动势的极性左正右负

B. 线圈 B 中产生感应电动势的极性左负右正

C. 导线 CD 与 EF 相互吸引

D. 以上说法都不对

17. 如图 3.8 所示，当 i_1 减小时，下列说法中正确的是（　　）。

A. 线圈 A 会产生自感电动势，方向为 2 负 1 正；线圈 B 会产生互感电动势，方向为 4 负 3 正

B. 线圈 A 会产生自感电动势，方向为 2 正 1 负；线圈 B 会产生互感电动势，方向为 4 正 3 负

C. 线圈 A 会产生自感电动势，方向为 2 负 1 正；线圈 B 会产生互感电动势，方向为 4 正 3 负

D. 线圈 A 会产生自感电动势，方向为 2 正 1 负；线圈 B 会产生互感电动势，方向为 4 负 3 正

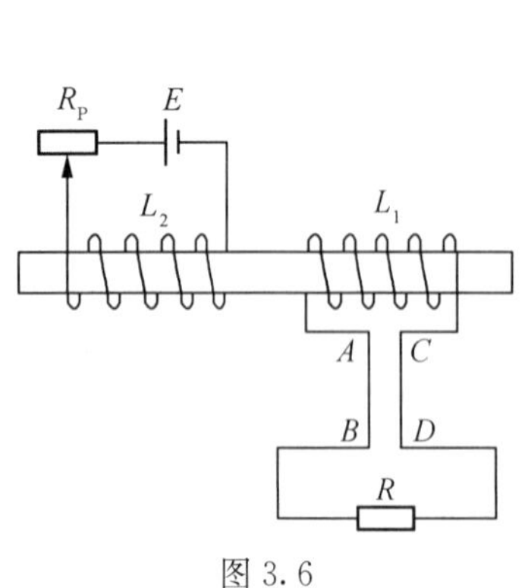

图 3.6

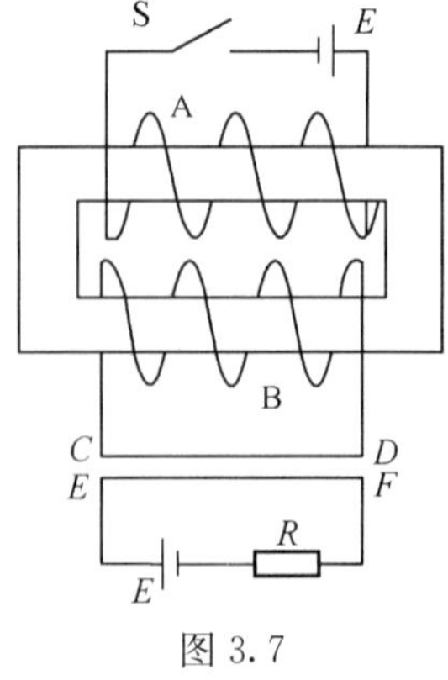

图 3.7

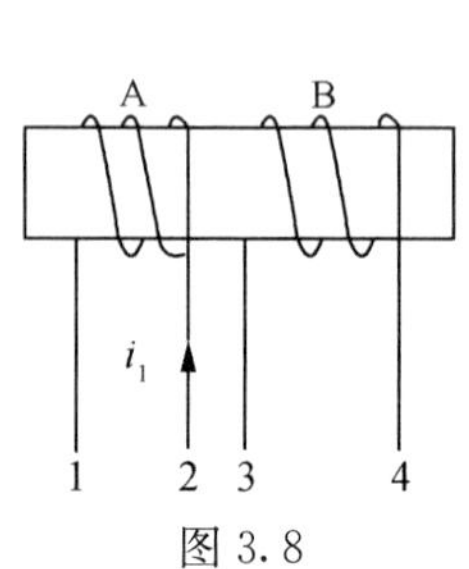

图 3.8

18. 如图 3.9 所示，A 为圆柱形空芯线圈，B 为绕在 U 字形铁心上的线圈，当将条形磁铁从圆柱形空芯线圈中拔出时，下列说法中正确的是(　　)。

A. 线圈 A 产生的感应电动势方向为上正下负，小磁针顺时针方向旋转

B. 线圈 A 产生的感应电动势方向为上正下负，小磁针逆时针方向旋转

C. 线圈 A 产生的感应电动势方向为上负下正，小磁针顺时针方向旋转

D. 线圈 A 产生的感应电动势方向为上负下正，小磁针逆时针方向旋转

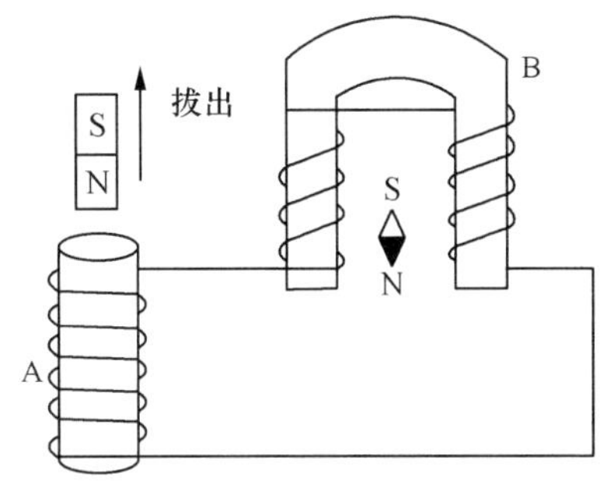

图 3.9

19. 如图 3.10 所示，两根平行金属导轨放置于匀强磁场中，当导体 ab 沿金属导轨向右做匀加速运动时，下列说法中正确的是(　　)。

A. 导体 ab 感应电流的方向为由 b 流向 a，小磁针北极 N 指向纸里

B. 导体 ab 感应电流的方向为由 b 流向 a，小磁针北极 N 指向纸外

C. 导体 ab 感应电流的方向为由 a 流向 b，小磁针北极 N 指向纸里

D. 导体 ab 感应电流的方向为由 a 流向 b，小磁针北极 N 指向纸外

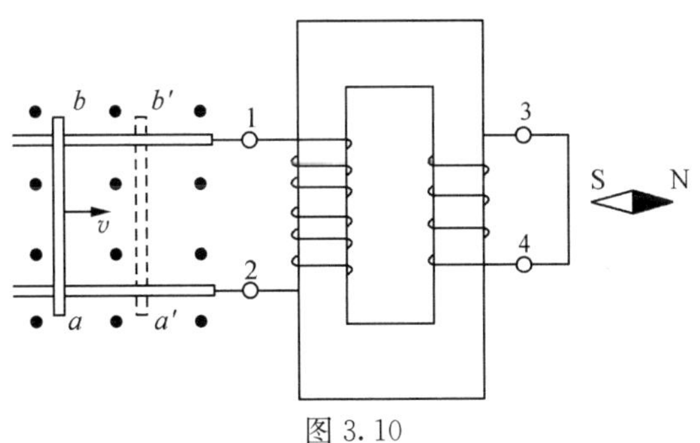

图 3.10

20. 如图 3.11 所示，闭合线圈 $abcd$ 在铁心 A、B 间绕 OO' 轴做顺时针方向转动，下列说法中正确的是(　　)。

A. 铁心 A 是 N 极，铁心 B 是 S 极，线圈 $abcd$ 的感生电流方向为 $a \to d \to c \to b \to a$

B. 铁心 A 是 N 极，铁心 B 是 S 极，线圈 $abcd$ 的感生电流方向为 $d \to a \to b \to c \to d$

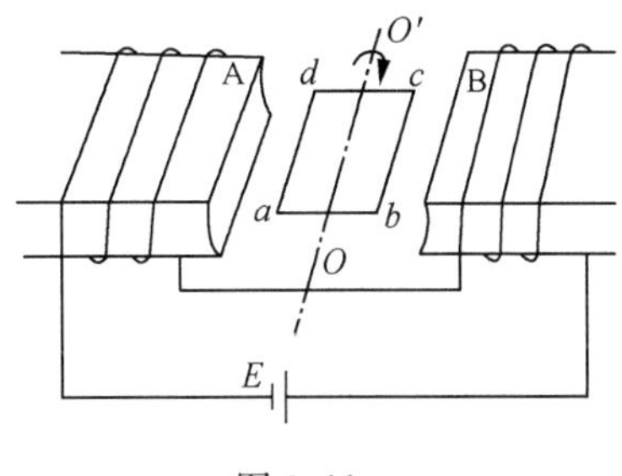

图 3.11

C. 铁心 A 是 S 极，铁心 B 是 N 极，线圈 $abcd$ 的感生电流方向为 $a \to d \to c \to b \to a$

D. 铁心 A 是 S 极，铁心 B 是 N 极，线圈 $abcd$ 的感生电流方向为 $d \to a \to b \to c \to d$

21. 电容器上标注 104J 的 J 的含义为(　　)。

A. ±2%　　B. ±10%　　C. ±5%　　D. ±15%

22. 电容器的阻抗与(　　)。

A. 电源频率、电容器的电容量均成正比

B. 电源频率成正比，与电容器的电容量成反比

C. 电源频率、电容器的电容量均成反比

D. 电源频率成反比，与电容器的电容量成正比

23. 电容器两端的电压滞后电流(　　)。

A. 30°　　B. 90°　　C. 180°　　D. 360°

24. 在纯电阻电路中，电流与电压的相位关系是(　　)。

A. 超前　　B. 滞后　　C. 同相　　D. 反相

四、简答题

1. 有两只电容器，一只电容量较大，另一只电容量较小，当它们所带的电荷量一样时，哪一只电容器的端电压高？当它们端电压相等时，哪一只电容器所带的电荷量多？

2. 一只耐压为 220V 的电容器可以工作在 220V 的交流电路中吗？为什么？

3. 根据公式 $C=\dfrac{Q}{U}$，能不能说电容器的电容量 C 与 Q 成正比，与 U 成反比？为什么？

4. 图 3.12 中，$C_1=2\mu F$，额定工作电压为 200V；$C_2=3\mu F$，额定电压工作为 100V，它们串联后工作在 300V 电源(E)下工作是否安全？电源电压为多大时工作才安全？在安全工作电压下，各自分配的电压为多少？

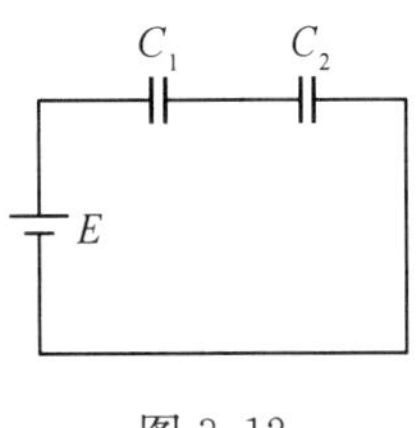

图 3.12

5. 两只形状、大小、匝数完全相同的线圈，其中一只绕制在铁心上，另一只为空心线圈。如果把它们接在相同的电源上，两只线圈中的磁感应强度 B、磁通 Φ、磁场强度 H 是否相同？为什么？

6. 如图 3.13 所示，在开关 S 闭合与断开时，灯泡 HL_1 和 HL_2 的发光有什么异同？

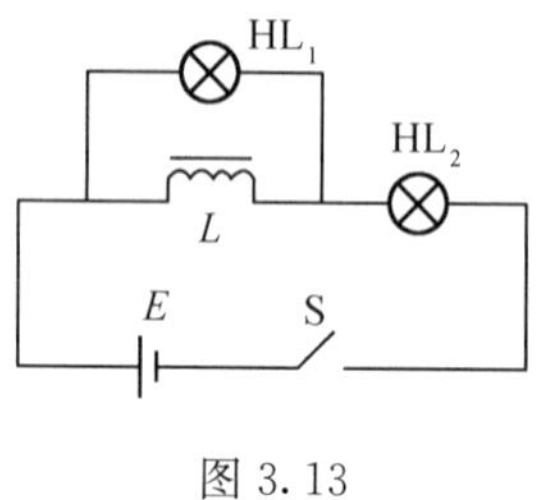

图 3.13

五、作图题

1. 如图 3.14 所示，当 Φ 减小时，在图中标出感应电动势 E 的方向。

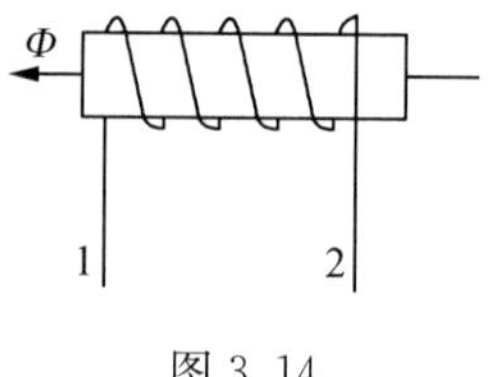

图 3.14

2. 如图 3.15 所示，在图中标出各线圈的同名端。

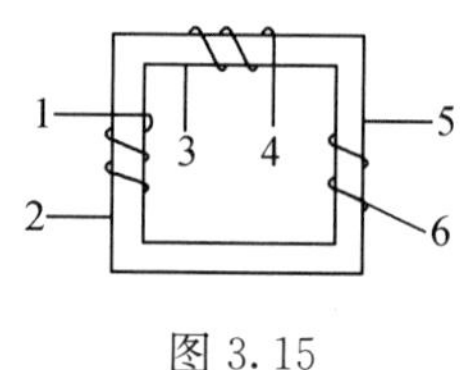

图 3.15

3. 如图 3.16 所示，在图中标出线圈的同名端。

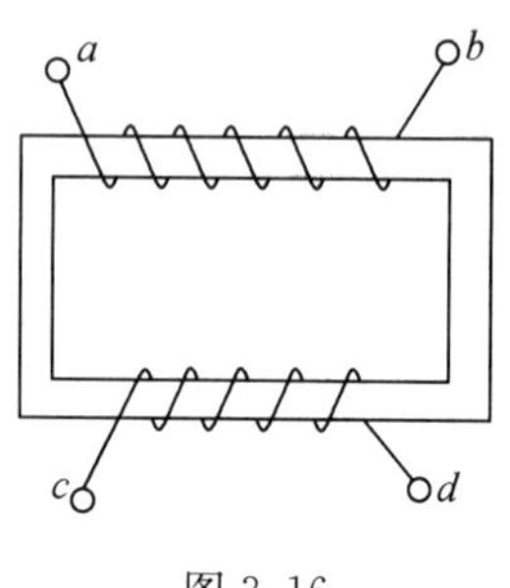

图 3.16

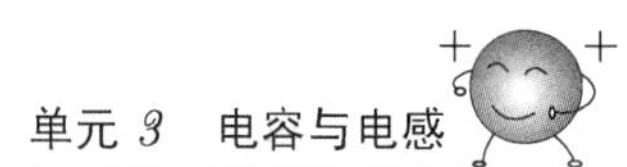

4. 如图 3.17 所示，已知开关 S 闭合时电压表反偏，在图中标出线圈的同名端。

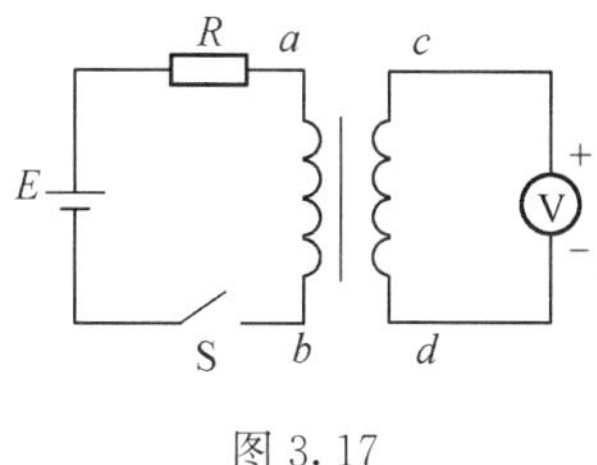

图 3.17

5. 如图 3.18 所示，直导体 AB 在外力作用下，在均匀磁场中做匀速运动，“•”号表示磁力线垂直穿出纸面。请在图中标出直导体 AB 中感应电动势 E、感应电流 I 和直导体在磁场中所受电磁力 F 的方向。

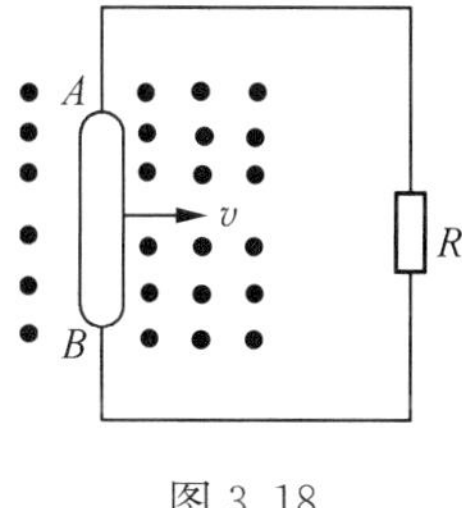

图 3.18

6. 如图 3.19 所示，两根平行金属导轨放置于匀强磁场中，当导体 ab 沿金属导轨向右做匀加速运动时，在图中标出检流计 G_1、G_2 中感应电流的方向与线圈的同名端。

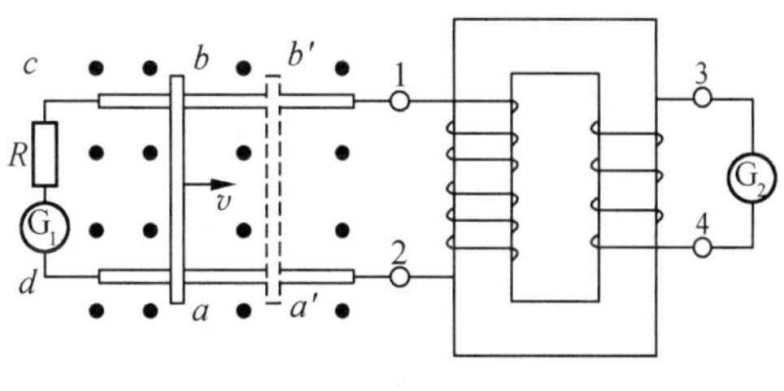

图 3.19

7. 如图 3.20 所示,当穿过线圈 L_1 的磁通慢慢增大时,在图中标出 L_1、L_2、L_3 中的电流方向。

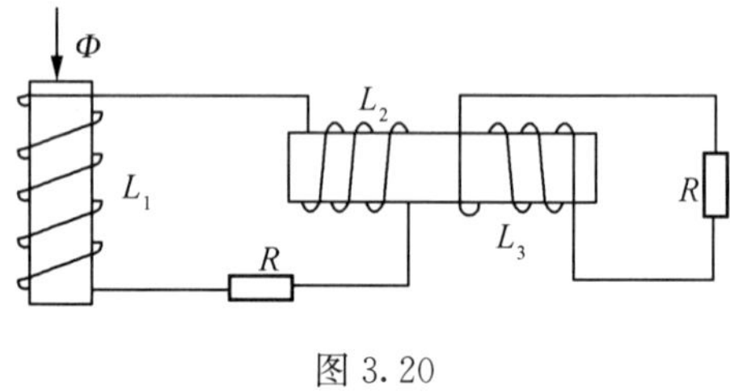

图 3.20

六、计算题

1. 如图 3.21 所示,已知电源电动势 $E=4\text{V}$,内阻不计,$R_1=3\Omega$,$R_2=1\Omega$,$C_1=2\mu\text{F}$,$C_2=1\mu\text{F}$。求:U_{R1}、Q_{C1}、Q_{C2}、U_{C1}、U_{C2}。

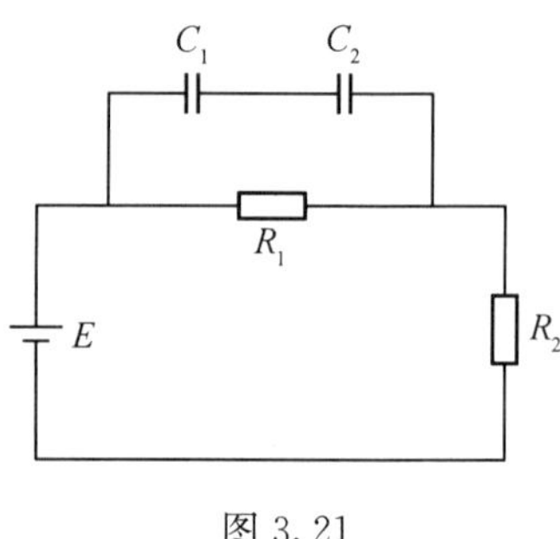

图 3.21

2. 有两只电容器:$C_1=0.25\mu\text{F}$,耐压为 300V;$C_2=0.5\mu\text{F}$,耐压为 250V。求它们并联的等效电容 C 与总的耐压值 U。

3. 如图 3.22 所示，已知 $C_1=C_2=C_3=2\mu F$，$E_1=10V$，$E_2=11V$，C_1 上的电荷量 $Q_1=6\times10^{-6}$ C。求：电容器 C_2、C_3 上的电荷量 Q_2、Q_3。

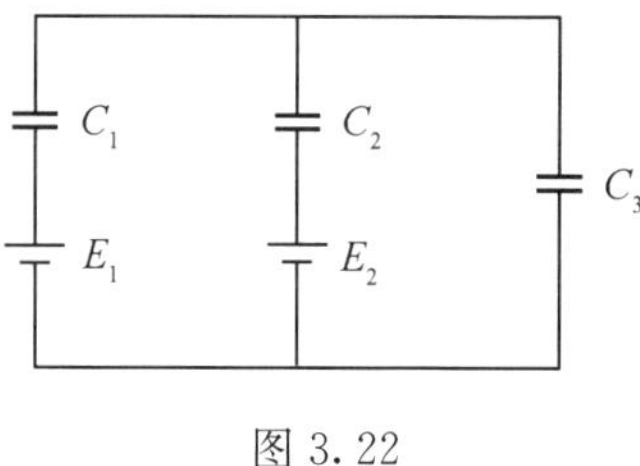

图 3.22

4. 一矩形金属框置于磁感应强度为 0.1T 的均匀磁场中，如图 3.23 所示，框的一边 AB 可紧靠着框架无摩擦地滑动，AB 边的重量是 2×10^{-4}N，长度是 0.1m，金属框的有效电阻为 0.4Ω，当 AB 边匀速下落时，求 AB 边中电流的方向及其下落速度。

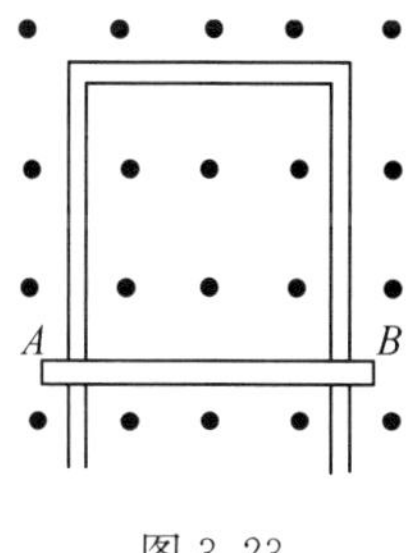

图 3.23

5. 面积为 0.1m^2 的矩形线圈共 100 匝，置于 $B=0.4T$ 的匀强磁场中，在 0.2s 的时间内，线圈平面从平行于磁感线的位置转 90°与磁感线垂直，求该线圈所产生的平均感应电动势。

6. 电路如图 3.24 所示,平行金属框置于磁感应强度为 2T 的匀强磁场中,框上连接的电阻 $R=3.6\Omega$,导体 AB、CD 在平行金属框上分别向左、向右做匀速无摩擦滑动,$v_1=5\text{m/s}$,$v_2=4\text{m/s}$,AB、CD 长度均为 40cm,金属框平面与磁力线方向垂直。求:

(1) 导体 AB、CD 产生的感应电动势 E_{AB} 和 E_{CD} 的大小;

(2) 通过电阻 R 的电流大小;

(3) 电阻 R 消耗功率 P;

(4) 外力对导体 AB、CD 做功的功率 P_{AB} 和 P_{CD}。

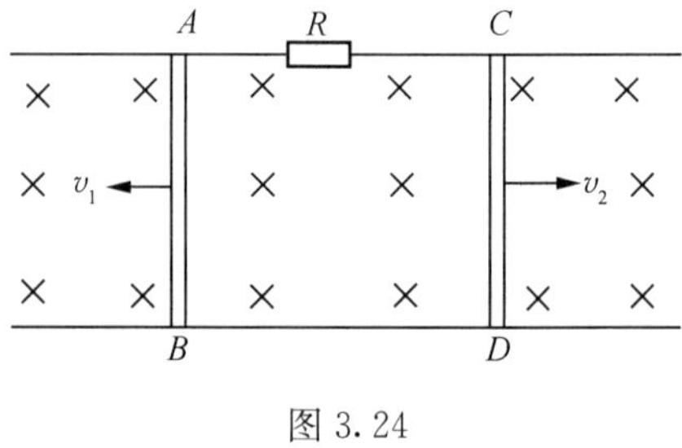

图 3.24

7. 功率放大器的输出电阻为 800Ω,扬声器内阻为 8Ω,用一个变压器进行阻抗变换,变压器的变比为多大时扬声器才能获得最大的功率?

七、实践题

1. 自己设计一个自感仿真实验电路,上机观察自感现象,做好实验记录。

2. 找一只小变压器,自己设计一个变压器变压、变流实验电路,在老师的指导下动手做实验,注意安全!

检 测 题 1

（满分 100 分，测试时间 90 分钟）

一、填空题（每空 2 分，共 20 分）

1. 一只电容器，当两端的电压为 5V 时，其极板上的电量为 0.5C，这只电容器的电容量为________；当它的两端电压为 2V 时，其极板上的电量为________。

2. 电容器的电容量较大而耐压不够时，可将几个电容器________联使用，以提高其耐压。

3. 从电容器充放电实验可知，电容器的________不能突变，此实验还证明电容器具有隔断直流电路的特性。

4. 电容器内部储存的是________能。

5. 如图 3.25 所示，已知 $E=10\text{V}$，电阻器 R 的阻值为 10Ω，开关 S 闭合瞬间电路中的电流为________，此时电容器两端的电压为________。

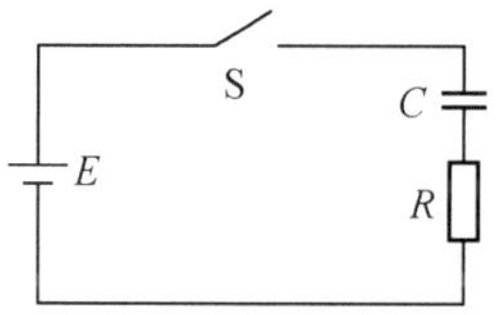

图 3.25

6. 磁屏蔽就是利用________为干扰磁场提供一个磁阻很低的磁路，避免干扰磁场穿过设备而影响设备的正常工作。

7. 导体在磁场内切割________运动时产生的电动势，叫作感应电动势。导体在单位时间内切割的磁感线越多，所产生的感应电动势________。

二、判断题（每题 1 分，共 10 分）

1. 一个固定电容器的电容量与极板所带电量成正比，与极板间电压成反比。（　　）

2. 电容器并联后的等效电容比其中任何一个都大。（　　）

3. 含有电容器的直流电路，稳态时电路电流为零。（　　）

4. 电容器在充放电过程中始终有电流通过。（　　）

5. 矩磁材料的矫顽力很大。（　　）

6. 消磁是磁性物质被磁化的逆过程。（　　）

7. 穿过线圈回路的磁通发生变化时，该线圈回路中一定会产生感应电流。（　　）

8. 自感实验表明电感线圈具有储存电能的本领。（　　）

9. 在同一磁通作用下的线圈才具有同名端。（　　）

10. 变压器是对互感的具体应用。 （　　）

三、单项选择题（每题 2 分，共 10 分）

1. 电容 C_1、C_2 串联，其中 C_1 的电容量是 C_2 电容量的一半，则加上电压后，C_1、C_2 所分担的电压 U_1、U_2 间的关系是（　　）。

A. $U_1=2U_2$　　B. $U_1=U_2$　　C. $2U_1=U_2$　　D. $U_1=3U_2$

2. 下列说法中正确的是（　　）。

A. 电容器串联后总容量增大，总耐压增大

B. 电容器串联后总容量减小，总耐压增大

C. 电容器并联后总容量增大，总耐压增大

D. 电容器并联后总容量增大，总耐压增大

3. 关于电容器的充放电实验现象，下列说法中不正确的是（　　）。

A. 充电开始的一瞬间，电容器端电压为零，充电电流最大

B. 充电开始的一瞬间，电容器端电压等于电源电压，充电电流为零

C. 充电结束时，电容器的端电压等于电源电压，充电电流为零

D. 电容器的电容量越大，充电的速度越快

4. 关于自感现象实验，下列说法中错误的是（　　）。

A. 电感器能阻碍电流的减小

B. 电感器能阻碍电流的增加

C. 电感器能存储电能

D. 电感器具有隔直特性

5. 如图 3.26 所示，下列说法中正确的是（　　）。

A. 当磁通 Φ 减少时，线圈端 1、3 的瞬时极性为正

B. 当磁通 Φ 增大时，线圈端 1、3 的瞬时极性为负

C. 线圈端 1、3 是同名端

D. 线圈端 1、3 是异名端

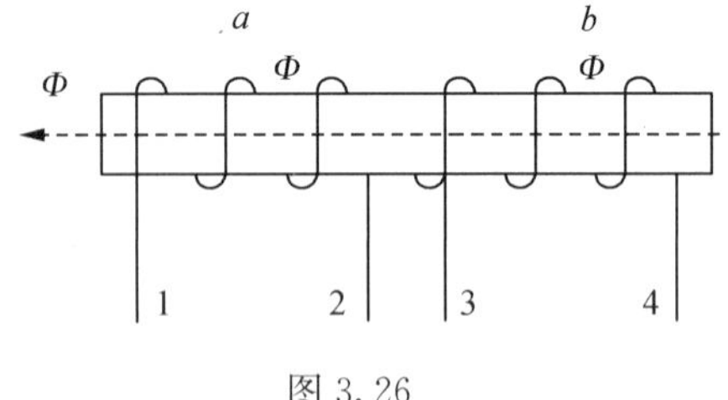

图 3.26

四、简答题(第 1 题 8 分,第 2 题 7 分,共 15 分)

1. 由电容器的充放电实验现象可知电容器具有什么特性?

2. 变压器的阻抗变换具有什么实际应用意义?

五、计算题(每题 15 分,共 45 分)

1. 1 只电容器,当它接到 220V 直流电源上时,每个极板上所带电量为 2.2×10^{-6}C;如果把它接到 110V 的直流电源上,每个极板上所带电量是多少?电容器的电容量是多少?

2. 有一个 1000 匝的线圈，在 1s 内，通过它的磁通量从 0.01Wb 增加到 0.02Wb，求此线圈中产生的感应电动势。若线圈的电阻为 2Ω，把它与一个阻值为 18Ω 的电阻器相连成闭合回路，则流过电阻器的电流为多大？

3. 有一个扬声器，内阻为 4Ω，想把它接到输出电阻为 400Ω 的功率放大器上，该选择变比为多大的变压器进行阻抗变换？

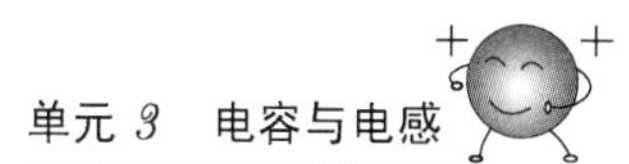

检测题 2

（满分 100 分，测试时间 90 分钟）

一、填空题（每空 2 分，共 30 分）

1. 当 1 只电容器耐压足够而容量较小时，可将几个电容器_________联使用，以增加其_________。

2. 电容器充电结束后两极板间电压等于________，放电结束后，则等于________。

3. 电容储存________能，电感线圈储存________能。

4. 具有磁性的物体叫作________。在磁体周围存在着磁场，我们常常用________来描述它。

5. 磁感线是互不交叉的闭合曲线，磁感线上任意一点的切线方向，就是该点的___________，磁感线的疏密程度反映了磁场的强弱。

6. 根据________的大小可把物质分为顺磁物质、反磁物质、铁磁物质 3 类。

7. 根据磁性物质磁滞回线的形状把磁性物质分为软磁性材料、___________和硬磁性材料 3 类。

8. 当通过线圈中的电流增加时，线圈产生的感应电动势________电流的增加；当通过线圈中的电流减小时，线圈产生的感应电动势________电流的减小。

9. 一个线圈中的电流发生变化，使另一个线圈产生感应电动势的现象叫作______。

10. 当电流分别从两线圈的同名端同时流入(或流出)时，两线圈产生的磁通方向______。

二、判断题（每题 1 分，共 10 分）

1. 电容器的电容量越大，所存储的电能就越多。（　　）

2. 电容器串联后等效电容量比其中任何一只电容器的电容量都大。（　　）

3. 将电容器接在任何电路中，它的电容量都是不变的。（　　）

4. 通电螺线圈的磁性类似于条形磁铁，其磁场方向用安培定则判定。（　　）

5. 磁感应强度的大小与介质的导磁性能有关，而磁场强度的大小与介质的导磁性能无关。（　　）

6. 顺磁性物质和反磁性物质对磁场的影响都是非常小的。（　　）

7. 交变磁场中，磁性物质的磁感应强度 B 与磁场强度 H 的关系是一条闭合曲线。（　　）

8. 磁性物质的磁滞回线所包围的面积越大，它处在交变磁场中所产生的磁滞损耗就

越大。（　　）

9. 涡流对含有铁心的电动机和电气设备是有害的。电气设备的铁心采用电阻率大、表面涂有绝缘漆的硅钢片叠装而成就是为了减小涡流。（　　）

10. 互感系数的大小反映了一个线圈的电流发生变化时，对另一个线圈产生互感电动势的能力。（　　）

三、单项选择题(每题2分，共10分)

1. 电容 C_1、C_2 串联，其中 $C_1=30\mu F$，$C_2=70\mu F$，则 C_1、C_2 串联后等效的电容量为（　　）。

A. $100\mu F$　　B. $40\mu F$　　C. $21\mu F$　　D. $30\mu F$

2. 对于电容器的串联电路，下列说法中错误的是（　　）。

A. 5只电容量相同的电容器串联以后，其总容量为原来容量的1/5

B. 电容器串联后接入电路中，电容器实际分配的电压与其电容量成反比

C. 电容器串联后总的耐压升高了，总的电容量减小了

D. 电容器串联后总容量增大了

3. 如图3.27所示，条形磁铁从空中落下并穿过空心线圈。设磁铁在空气中的重力加速度为 g，则该磁铁在线圈中的加速度（　　）。

A. 大于 g　　B. 小于 g　　C. 等于 g　　D. 不能判定

4. 如图3.28所示，A为闭合金属环，B为不闭合金属环，当条形磁铁向左运动时，其现象为（　　）。

A. A、B环都向左运动　　B. A、B环都向右运动

C. B环不动，A环向右运动　　D. B环不动，A环向左运动

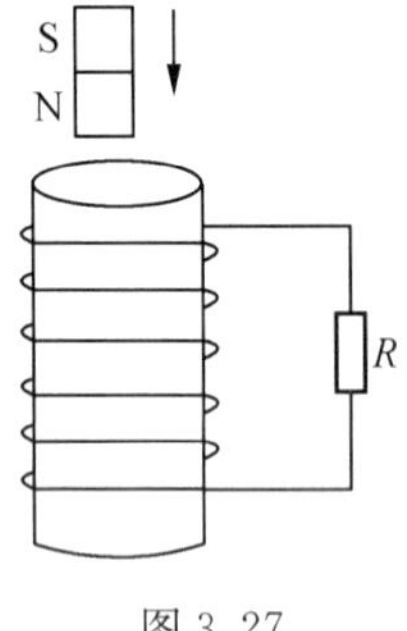

图3.27

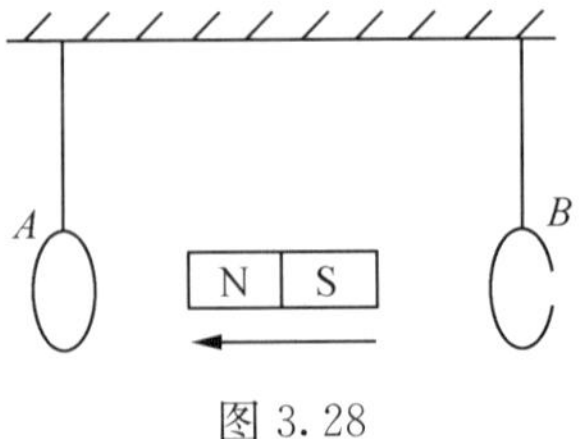

图3.28

5. 如图3.29所示，下列说法中不正确的是（　　）。

A. 开关S闭合的瞬间，线圈2回路中检流计的指针会发生偏转

B. 开关 S 闭合后，线圈 2 回路中检流计的指针会发生偏转

C. 开关 S 闭合后再断开的瞬间，线圈 2 回路中检流计的指针会发生偏转

D. 这是一个互感实验电路图

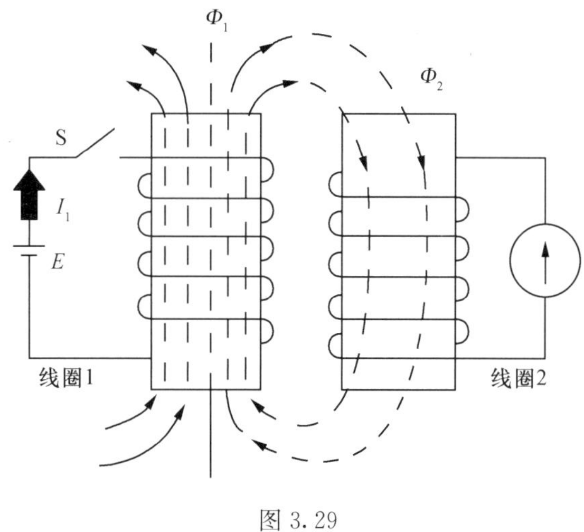

图 3.29

四、简答题(第 1 题 8 分，第 2 题 7 分，共 15 分)

1. 为什么 RC 串联电路接通直流电源的瞬间电路中的电流最大？

2. 楞次定律告诉我们，感应电流产生的磁通总是阻碍原磁通的变化，这是不是说感应电流产生的磁通总是与原磁通方向相反？

五、计算题（第 1 题 15 分，第 2、3 题各 10 分，共 35 分）

1. 有 2 只电容器，其中 $C_1=2\mu F$，$C_2=4\mu F$，将它们串联起来后，接到端电压 $U=120V$ 的电路上，求每只电容器两端所承受的电压。

2. 在磁感应强度 $B=0.1T$ 的均匀磁场中，一根长 1m 的导体与磁感线垂直，当导体中流过 0.5A 的电流时，求导体所受到的电磁力。

3. 一个电感量为 1H 的电感器，如果通过它的电流在 0.08s 内由 0 增加到 8A，求电感器产生的自感电动势的数值。

单元 4

正弦交流电路

练　习　题

一、填空题

1. 直流电的波形是________，而正弦交流电的波形则为________________________。

2. 单相调压器的用途是为线路和设备提供________V 至________V 连续变化的正弦交流电压。

3. 常用试电笔有________、________、________和________。在检验电路是否带电时，人体必须接触试电笔金属部分的有________、________和________。

4. 图 4.1 所示为交流电流 i_1 和 i_2 的波形图，从图中可以看出，i_1 和 i_2 的最大值分别是______、________，i_1 的初相位是______，i_2 的初相位是______，两者的相位差是______。

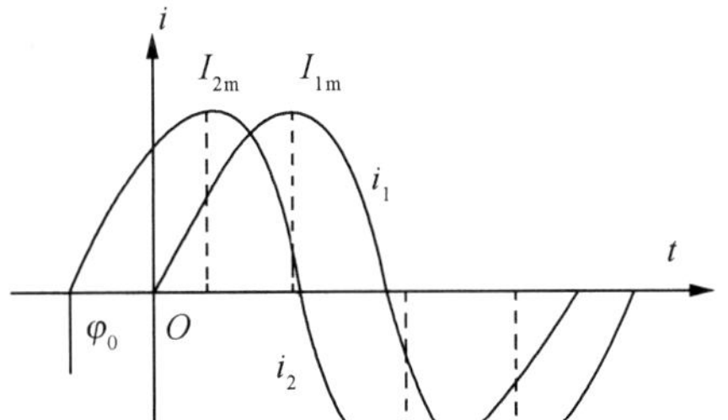

图 4.1

5. 交流电的三要素是指________、________和__________。

6. 正弦交流电有__________法、__________法和__________法 3 种表示法。

7. 用旋转矢量表示交流电时，矢量的长度等于正弦量的________，矢量起始位置与横轴正方向的夹角是该正弦量的________，该矢量绕坐标原点逆时针旋转的角速度是该正弦量的________，该旋转矢量在 Y 轴上的投影等于正弦量的________。

8. 求两个矢量的和时，是以这两个矢量为________，作________，其________就是这两个矢量的和。

9. 用旋转矢量分析计算交流电的条件，必须是________的正弦交流电。

10. 相位差是指两个同频率交流电的________之差。

11. 某一交流电的频率 $f=300\text{Hz}$，则它的周期是________，角频率是________。

12. 我国所采用的生活照明电压是________V，这是它的________值，最大值是________V，它的频率是________Hz，周期是________s，角频率是________rad/s。

13. 一个纯电感线圈接在直流电路中，其感抗 $X_L=$______，在电路中相当于______状态。

14. 在纯电感电路中，电压与电流的相位关系为________________________。

15. 感抗表示线圈对交流电的________作用，这是由于电感线圈出现________而产生的。它只有在________中才有意义。

16. 将电容器接在直流电源上，其 $X_C=$________，对直流电路相当于________状态。

17. 容抗表示电容器对交流电的________作用，它与电阻对交流电的阻碍作用有本质区别。电容器是通过充放电将______能与______能之间的转换体现出对交流电的阻碍。实验证明，电容器容量越大，储存的______越多，对交流电的阻碍作用越________。

18. 实验证明，电容器的容量越大，则容抗________。

19. 纯电阻电路的功率因数为________，纯电感电路的功率因数为________，纯电容电路的功率因数为________。

20. 在 RLC 串联电路中，使电路呈阻性的条件是________，呈感性的条件是________，呈容性的条件是________。

21. RLC 串联电路中，无功功率是________和________元件上占用的功率，所以它的功率三角形由________、________和________3 条边组成。

*22. 在图 4.2 所示电路中，保持电源频率一定，改变电容器的容量，当 C 由小变大时，灯泡由______变______。当电容器增大到某一数值时，灯泡________。继续增加 C 的容量，灯泡又由________变到________。这说明，在 RLC 串联的电路中，灯泡最亮时发生了________谐振。

图 4.2

23. 串联谐振称为________谐振，适用于信号源内阻________的电路；并联谐振称为________谐振，适用于信号源内阻________的电路。

二、判断题

1. 交流电压表在测量交流电压时应与被测电路并联，且正端钮接被测电路高电位端，负端钮接低电位端。（　　）

2. 用钳形电流表测量线路的交流电流时，应该将其串入被测电路。（　　）

3. 正弦交流电的周期和频率互为倒数关系。（　　）

4. 最大值就是正弦交流电最大的瞬时值。 ( )

5. 旋转矢量反映了交流电的三要素,又能通过它在纵轴上的投影反映出正弦量的瞬时值。 ( )

6. 只要是正弦交流电就可以用旋转矢量法进行加、减运算。 ( )

7. 3 个单一参数交流电路的最大值、有效值都满足欧姆定律,而瞬时值都不满足欧姆定律。 ( )

8. 在纯电感电路中,因为电压超前于电流$\frac{\pi}{2}$,所以应该是先出现电压,后出现电流。 ( )

9. 纯电感线圈和纯电容都是储能元件,不消耗有功功率,只占用无功功率。 ( )

10. 一只耐压 400V 的电容器,将它接在 400V 的交流电源上,可以正常工作。 ( )

11. 正弦交流电的有效值和平均值数值相等但意义不同。 ( )

12. 常用的交流电压表和交流电流表的读数都指的是有效值。电气设备铭牌上标注的电压、电流也是指有效值。 ( )

13. 两个频率和初相位不同的正弦交流电,当它们有效值相同时,瞬时值一样。 ( )

14. 相位、初相位和相位差都是电角度,但意义各有不同。 ( )

15. 在同一坐标系中,如果几个旋转矢量频率相同,则它们处于相对静止。 ( )

16. 在纯电阻电路中,由于电压、电流相位相同,所以它们的初相位为零。 ( )

17. 在纯电阻电路上,电压瞬时值为 $u=220\sin\left(\omega t-\frac{\pi}{2}\right)$ V,该电阻值为 10Ω,则该电路的电流瞬时值表达式为 $i=22\sin\left(\omega t-\frac{\pi}{2}\right)$ V。 ( )

18. 在感性负载上并联适当的电容器后,可使电路总电流减小。 ( )

19. 实验证明,电容器的容量越大,则容抗越大。 ( )

20. 在 RL 串联的交流电路中,电源电压等于电阻两端电压和电感两端电压的矢量和。 ( )

*21. 发生串联谐振时,电路的有功功率等于视在功率,所以功率因数等于 1。 ( )

*22. 在 RLC 串联电路发生谐振时,因为电抗为零,所以感抗和容抗也为零。 ( )

*23. RLC 串联电路的功率三角形为由有功功率、无功功率和视在功率所组成的直角三角形。 ( )

*24. 在 RLC 串联电路中,当 $U_L=U_C$ 时,总电压与电流是同相的。 ( )

25. 正弦交流电中的角频率就是交流电的频率。 ( )

26. 频率为 50Hz 的正弦交流电,其周期为 0.02s。 ( )

三、单项选择题

1. 交流电有效值、平均值与最大值的关系是(　　)。

A. 有效值是最大值的 0.637 倍，平均值是最大值的 0.707 倍

B. 有效值是最大值的 0.707 倍，平均值是最大值的 0.637 倍

C. 有效值和平均值都是最大值的 0.707 倍

D. 有效值和平均值都是最大值的 0.637 倍

2. 两个正弦交流电的解析式分别为 $i_1=100\sin\left(314t+\frac{\pi}{2}\right)$A，$i_2=100\sqrt{2}\sin\left(314t-\frac{\pi}{2}\right)$A，在这两个表达式中，其物理量相同的是(　　)。

A. 最大值　　B. 有效值　　C. 周期　　D. 初相位

3. 用矢量法表示正弦交流电时，下列说法中正确的是(　　)。

A. 矢量的长度表示该正弦量的最大值

B. 矢量的长度表示该正弦量的瞬时值

C. 矢量与横轴的夹角等于该正弦量的相位角

D. 矢量在纵轴上的投影等于该正弦量的有效值

4. 正弦交流电的三要素是(　　)。

A. 最大值、频率、周期　　B. 最大值、频率、初相位

C. 有效值、频率、相位　　D. 有效值、周期、相位

5. 图 4.3 所示为交流电流 i_1 和 i_2 的相位比较，它所表示的意思是(　　)。

A. 图(a)表示 i_1 和 i_2 同相，图(b)表示 i_1 和 i_2 反相

B. 图(a)表示 i_1 和 i_2 反相，图(b)表示 i_1 和 i_2 同相

C. 图(a)和图(b)都表示 i_1 和 i_2 同相

D. 图(a)和图(b)都表示 i_1 和 i_2 反相

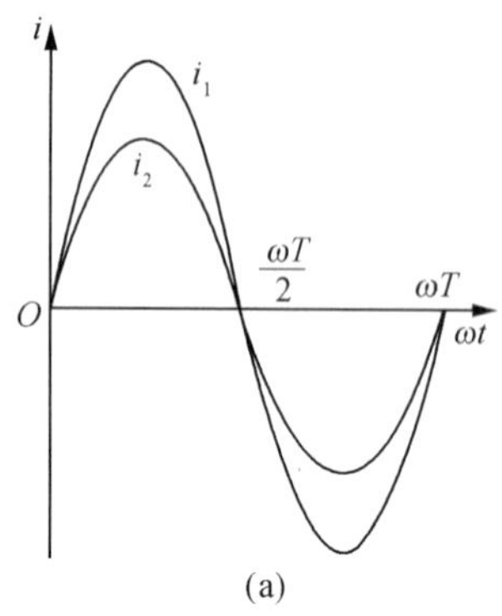

(a)　　(b)

图 4.3

6. 我国的工业用电(动力用电)电压为380V,这个数值指的是交流电的(　　)。

A. 最大值　　B. 瞬时值　　C. 有效值　　D. 平均值

7. 从公式 $i=I_m\sin\omega t$ 可以看出,正弦交流电瞬时值的大小取决于(　　)。

A. 最大值、周期和相位　　B. 有效值、角频率、周期

C. 最大值、有效值和初相位　　D. 有效值、相位、初相位

8. 已知正弦交流电的初相位 $\varphi_0=-\frac{2}{3}\pi$,在 $t=0$ 时刻,其瞬时值的范围是(　　)。

A. 大于零　　B. 等于零　　C. 小于零　　D. 不能确定

9. 两个同频率正弦交流电 i_1/i_2 的有效值分别为40A/30A,当 i_1+i_2 的有效值为50A时,则 i_1/i_2 的相位差是(　　)。

A. 0°　　B. 180°　　C. 45°　　D. 90°

10. 某正弦交流电的初相位 $\varphi_0=-\frac{\pi}{2}$。在 $t=0$ 时刻,它的瞬时值为(　　)。

A. 大于零　　B. 小于零　　C. 等于零　　D. 不确定

11. 一只白炽灯泡上标有220V/60W字样,现将该灯泡接于220V工频电源上,它所消耗的功率为(　　)。

A. 小于60W　　B. 等于60W　　C. 大于60W　　D. 无法判定

12. 已知正弦交流电 $u=100\sin(\omega t+60°)$V,电流 $i=20\sin(\omega t+45°)$A,则 u 的相位比 i 超前(　　)。

A. −15°　　B. 15°　　C. 105°　　D. 不能确定

13. 在图4.4中,$\dot{U}_1$ 与 $\dot{U}_2$ 的关系是(　　)。

A. $\dot{U}_1$ 比 $\dot{U}_2$ 超前30°　　B. $\dot{U}_1$ 比 $\dot{U}_2$ 超前75°

C. $\dot{U}_1$ 比 $\dot{U}_2$ 滞后45°　　D. $\dot{U}_1$ 比 $\dot{U}_2$ 滞后75°

14. 由白炽灯和电感线圈组成RL串联电路,如图4.5所示,当交流电源频率增高时,则(　　)。

A. 线圈电感量增大　　B. 线圈电感量减小

C. 线圈感抗增大　　D. 线圈感抗减小

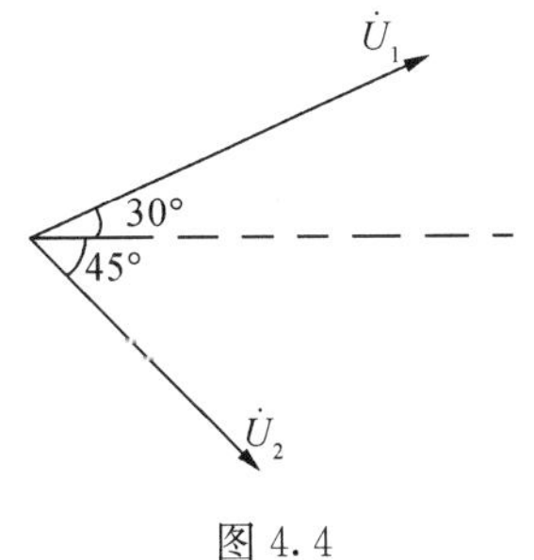

图4.4

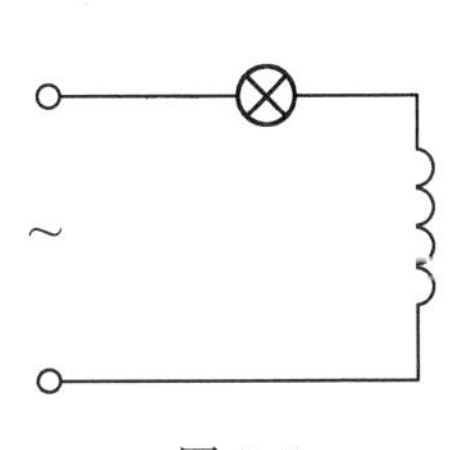

图4.5

15. 正弦交流电通过纯电阻元件时,下列关系式中正确的是(   )。

A. $I=U/R$ B. $i=U/R$ C. $i=U_m/R$ D. $I=U_m\sin\omega t$

16. 电流瞬时值为 $i=2\sqrt{2}\sin\left(628t-\frac{\pi}{4}\right)$A,当它通过阻值 $R=2\Omega$ 的电阻时,所消耗的功率是(   )。

A. 8W   B. 16W   C. 25W   D. 32W

17. 在电流的初相位为$-60°$的纯电感电路中,其电压的初相位应该为(   )。

A. 60°   B. 30°   C. 90°   D. 120°

18. 部分电容器产品上标明了它的耐压值,这个值指的是(   )。

A. 平均值   B. 有效值   C. 最大值   D. 瞬时值

19. 在图 4.6 所示电路中,当交流电源电压为 220V,频率为 50Hz 时,3 只灯泡亮度相同。如果电源电压保持不变,将频率提高一倍,则这 3 只灯泡的亮度变化分别是(   )。

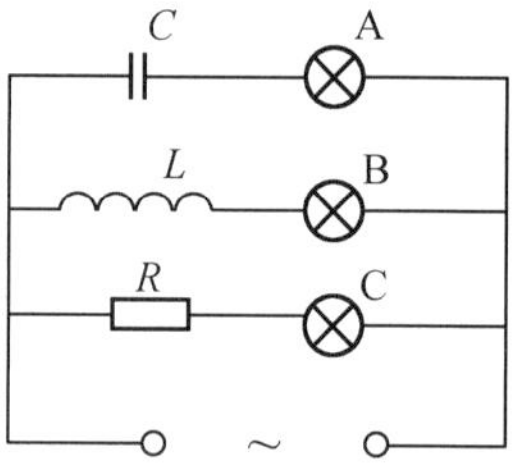

图 4.6

A. A 变亮,B 变暗,C 不变

B. A 变暗,B 变亮,C 不变

C. A 不变,B 变暗,C 变亮

D. A 变暗,B 变亮,不变暗

20. 电路如图 4.7 所示,已知 3 只交流电流表的读数分别是 6A、2A、10A,则总电路上 A 表的读数为(   )。

A. 18A   B. 10A

C. $\sqrt{2}$A   D. 2A

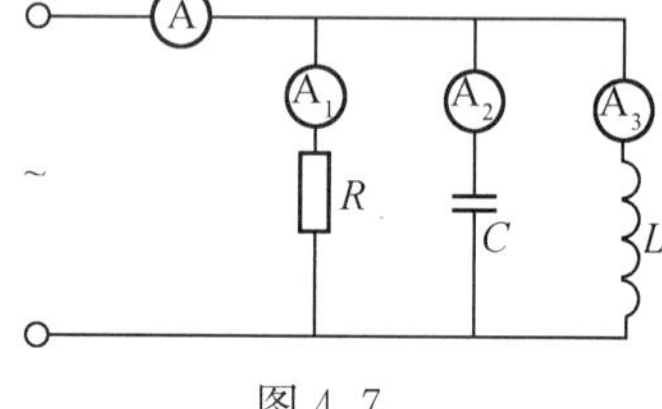

图 4.7

21. 图 4.8 是用仿真实验验证 RL 串联电路电压与电流之间相位关系的波形图。其中$m=0.5$,$n=4$,从图中可以看出,电压与电流之间的相位关系是(   )。

A. 电压超前电流 90°

B. 电压滞后电流 90°

C. 电压超前电流 45°

D. 电压滞后电流 45°

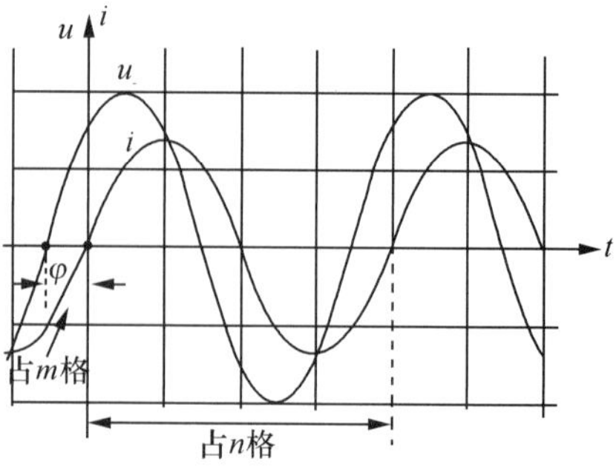

图 4.8

22. 在图 4.9 中,当 S 分断时,电路发生串联谐振;当开关闭合时,该电路的性质为(   )。

A. 保持谐振状态

B. 呈感性

C. 呈容性

D. 呈阻性

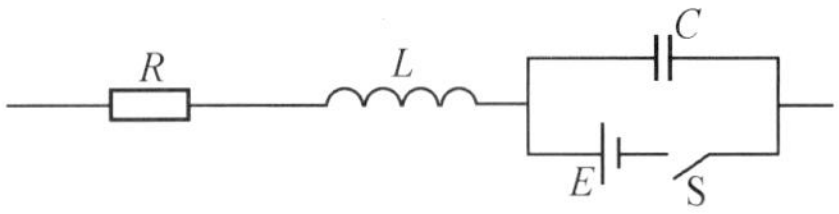

图 4.9

23. 已知一台单相电动机，铭牌标注的功率为 30kW，功率因数为 0.6，则这台电动机的视在功率为（　　）。

A. 30kW　　B. 4kW　　C. 50kW　　D. 60kW

24. 纯电感电路中，下列表达式中正确的是（　　）。

A. $I=U/L$　　B. $i=U/\omega L$　　C. $I=U/X_L$　　D. $U=I^2X_L$

25. 把一个纯电阻电热器接在 10V 的直流电源上，将消耗一定的功率。如果把它接在交流电源上，使消耗的功率与直流时相等，此时交流电源电压的最大值应该是（　　）。

A. 7.07V　　B. 5V　　C. 14V　　D. 10V

26. 一段导体由 3 段粗细不等的同种材料导线接成，其横截面面积的关系为 $S_1<S_2<S_3$，则流过导体的电流为（　　）。

A. S_1 处最大　　B. S_2 处最大　　C. S_3 处最大　　D. 各处一样大

27. 我国使用的工频交流电频率为（　　）。

A. 45Hz　　B. 50Hz　　C. 60Hz　　D. 65Hz

28. 两个同频率正弦交流电的相位差等于 180°时，它们的相位关系是（　　）。

A. 同相　　B. 反相　　C. 相等　　D. 正交

29. 旋转矢量法只适用于（　　）的正弦交流电的加减。

A. 相同初相位　　B. 不同初相位　　C. 相同频率　　D. 不同频率

30. 在测量正弦交流电压时，万用表的读数是（　　）。

A. 最大值　　B. 有效值　　C. 瞬时值　　D. 平均值

四、作图题

1. 试作出电压 $u=3\sin\left(\omega t+\frac{\pi}{2}\right)$V 的波形图和矢量图。

2. 已知正弦交流电压 $U_1 > U_2$，试定性作出这两个电压同相和反相的波形图。

3. 在交流电源 $u = 100\sin\left(\omega t + \frac{\pi}{3}\right)$ V 的电路上，串入一只 20Ω 的电阻，试作出通过该电阻的电流矢量图。

4. 在 RL 串联电路中，设电流为参考矢量，试根据该电路电阻电压、电感电压和总电压之间的相位关系，定性画出它们的电压三角形。

5. 在 RLC 串联电路中，已知 $X_L > X_C$，现以电流为参考矢量，定性画出该电路的阻抗、电压和功率三角形。

五、简答题

1. 怎样正确使用交流电压表、交流电流表测量交流电压和交流电流？

2. 怎样使用钳形电流表测交流电流？

3. 怎样正确使用试电笔？

4. 试解释交流电的物理量：最大值、有效值、平均值、周期、频率、相位、初相位、相位差。

5. 根据图 4.10 写出交流电流 i_1、i_2 的瞬时值表达式。

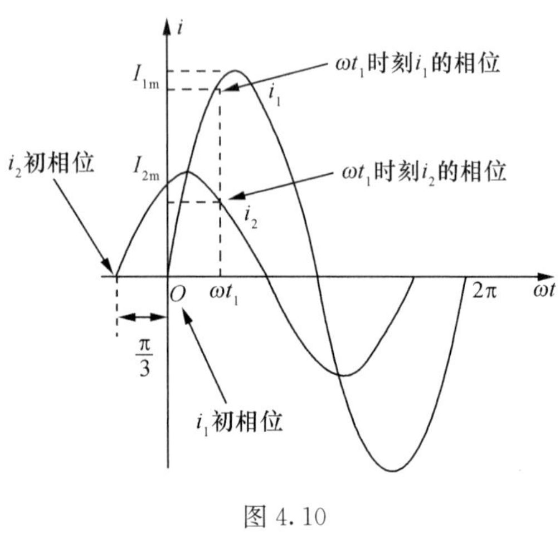

图 4.10

6. 正弦交流电有哪三要素？为什么它们会被称为“要素”？

7. 在纯电阻、纯电感和纯电容电路中，通过各元件的电流与各元件两端的电压在相位上各是什么关系？

8. 在纯电阻、纯电感和纯电容电路中，通过各元件的电流的哪些数值满足欧姆定律？哪些又不满足欧姆定律？

9. 什么叫作感抗？什么叫作容抗？它们各自在交流电路中的意义是什么？

10. 试说明，在直流电路中感抗为零而容抗为无穷大的道理。

11. 为什么说电感器与电容器是储能元件？

12. 如果一台示波器和信号发生器已经校准，怎样用它来测交流电压的幅度？

13. 在 RL 串联电路中，电压三角形是怎么来的？有何用途？阻抗三角形有何用途？

14. RLC 串联电路中，使该电路分别呈感性、容性、阻性的条件各是什么？

15. 简述电能表的接线规律和电能数的读取方法。

*16. RLC 电路串联谐振的条件是什么？谐振频率怎样计算？

*17. 什么是通频带？

18. 一盏荧光灯通电后，只是灯管两头发红但点不燃，你估计可能由哪些原因造成？怎样检查故障？

19. 安装瓷底胶盖刀开关时，为什么操作手柄必须朝上？

六、计算题

1. 已知 $i_1=I_{1m}\sin\left(\omega t+\frac{\pi}{2}\right)$A，$i_2=I_{2m}\sin\left(\omega t-\frac{\pi}{4}\right)$A，频率 $f=50$Hz，试求 i_1、i_2 的相位差。i_1、i_2 谁超前，谁滞后？

2. 已知正弦电流 $i=100\sin(6280t-45^\circ)$A，试求出它的频率、周期、角频率、最大值、有效值及初相位。

3. 矢量图如图 4.11 所示，已知 $\dot{I}_{1m}=10$A，$\dot{I}_{2m}=16$A，$\dot{I}_{3m}=12$A，周期都是 0.02s，试求出这 3 个电流的瞬时值表达式。

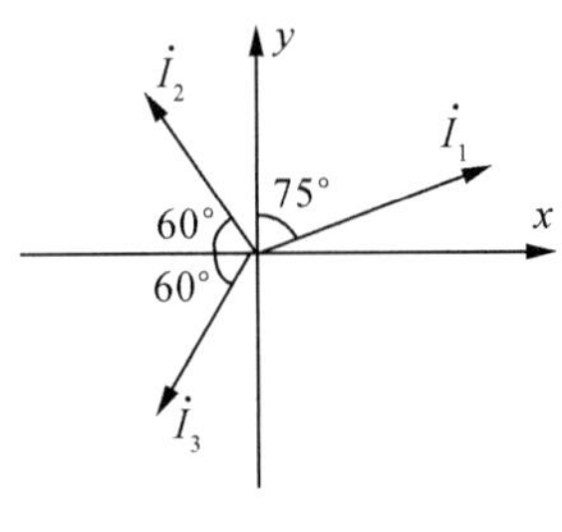

图 4.11

4. 矢量图如图 4.12 所示，已知 $\dot{U}_{1m}=60V$，$\dot{U}_{2m}=80V$，频率 $f=50Hz$，试分别写出两个电压及它们合成后的瞬时值表达式。

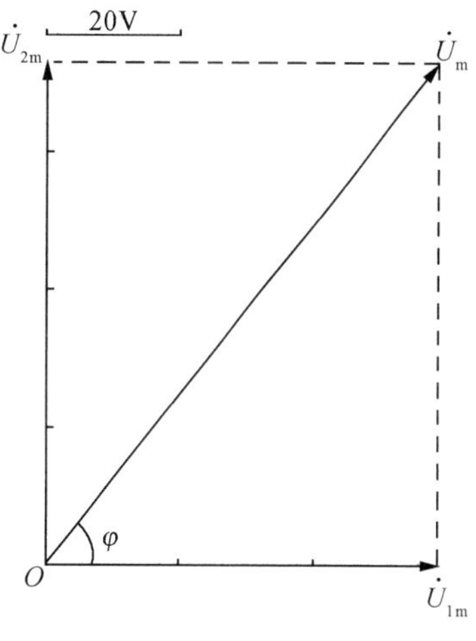

图 4.12

5. 两个正弦交流电流瞬时值表达式为 $i_1=3\sin(314t+120°)A$，$i_2=4\sin(314t+30°)A$，试求这两个电流之和的瞬时值表达式。

6. 已知两个正弦交流电压瞬时值表达式为 $u_1=311\sin\omega t\,V$，$u_2=311\sin(\omega t+2\pi/3)V$，试用矢量法求出 u_1+u_2 和 u_1-u_2 的瞬时值表达式。

7. 在用示波器测量某交流信号的相关参数时，屏幕上显示的波形如图 4.13 所示，已知屏幕上每一格的电压值为 2V，试计算该交流信号的峰峰值 U_{p-p} 和有效值 U。

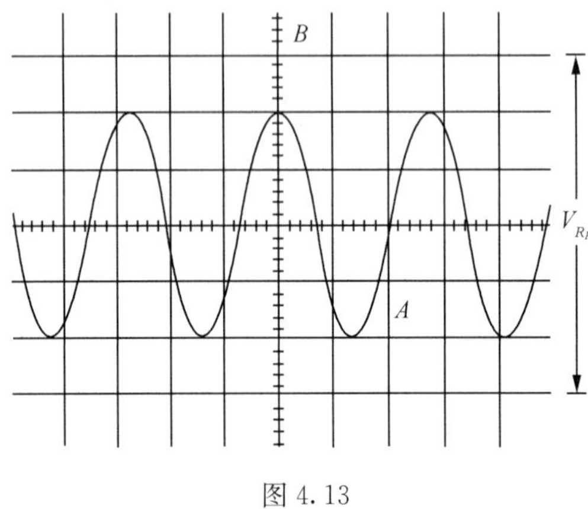

图 4.13

8. 用示波器测量交流信号的周期时，屏幕所显示的波形和参数如图 4.14 所示。已知扫描时间系数为 2ms/DIV，而水平扩展为×1，试计算出该交流信号的频率。

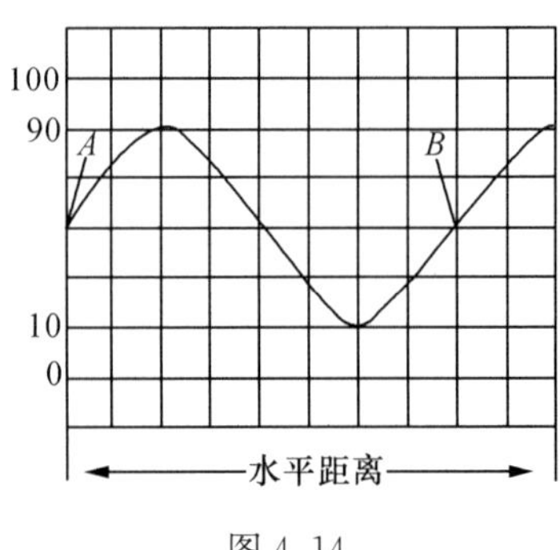

图 4.14

9. 有一灯丝热态电阻为 484Ω 的白炽灯，将其接入 $u=311\sin\left(\omega t+\frac{\pi}{6}\right)$V 的交流电源上试用，试求：①流过白炽灯灯丝的电流有效值；②该灯泡所消耗的功率。

10. 实训用电烙铁额定功率为 50W，将它接于 220V 的交流电路中正常使用，试求它的额定电流和热态电阻。

11. 一台额定电压为 220V、额定功率为 2000W 的电炉，接于 220V 的交流电源上，试求通过该电炉丝的电流。

12. 某一纯电感线圈在工频电压作用下，其感抗为 47.1Ω，当电源频率提高到 500Hz 时，该线圈的感抗是多少？

13. 工作在 220V/50Hz 交流电源上的纯电感线圈，已知通过线圈的交流电流有效值为 2A，试求该线圈的自感系数。

14. 已知自感系数 $L=10\text{mH}$ 的电感线圈，将其接于 $u=100\sin\left(\omega t-\dfrac{\pi}{6}\right)\text{V}$ 的交流电源上，试求当电流频率分别为 0、50Hz 和 50kHz 时，线圈的感抗及通过线圈的电流。

15. 有一电阻可以忽略不计的电感线圈，电感 $L=0.127\text{H}$，现将其接入额定电压为 220V、频率为 50Hz 的交流电路中，试求该线圈的感抗、电流有效值和无功功率。

16. 在频率 $f=400\text{Hz}$ 的交流电源上接入一只 $C=0.1\mu\text{F}$ 的电容器后，通过的电流为 10mA，求该电容器两端的电压和交流电的角频率。

17. 在频率 $f=50\text{Hz}$ 的工频电源上，接有一只容量 $C=100\mu\text{F}$ 的电容器，已知通过该电容器的电流 $I=6.92\text{A}$，问该电源的电压有多高？电容器占用了多大的无功功率？

18. 在图 4.15 所示的 RL 串联电路中，已知 $R=300\Omega$，$L=1.656\text{H}$，将它们接于电源电压 $U=220\text{V}$、角频率为 $\omega=314\text{rad/s}$ 的交流电源上，试求电压与电流的相位差。

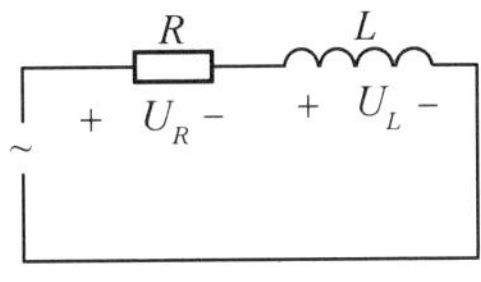

图 4.15

19. 一只电感量 $L=48\text{mH}$、电阻 $R=20\Omega$ 的电感线圈，接于 $u=220\sqrt{2}\sin\left(314t+\frac{\pi}{2}\right)\text{V}$ 的交流电源上，试求：①线圈的感抗；②线圈的阻抗；③通过线圈的电流有效值；④线圈的有功功率、无功功率、视在功率与功率因数。

20. 在 RLC 串联电路中，已知电阻 $R=5\Omega$，电感 $L=1.5\text{mH}$，电容 $C=25\mu\text{F}$，现将它们接于频率 $f=600\text{Hz}$ 的交流电源上，求该电路的阻抗。

*21. 由电感 $L=40\mu\text{H}$、电容 $C=40\text{pF}$ 所组成的串联谐振电路，电路的品质因数 $Q=60$，谐振时电路中的电流为 0.06A，试求谐振频率、电路两端的电压、电感和电容两端的电压。

检 测 题

（满分 100 分，测试时间 90 分钟）

一、填空题(每空 1 分，共 32 分)

1. 实训室用的单相调压变压器一般能输出______V 至______V 连续可调的交流电压。

2. 常用的试电笔有________式、________式、________式和________式等 4 种。

3. 图 4.16 中的 $I=0.707I_m$ 表示的是交流电的________值。

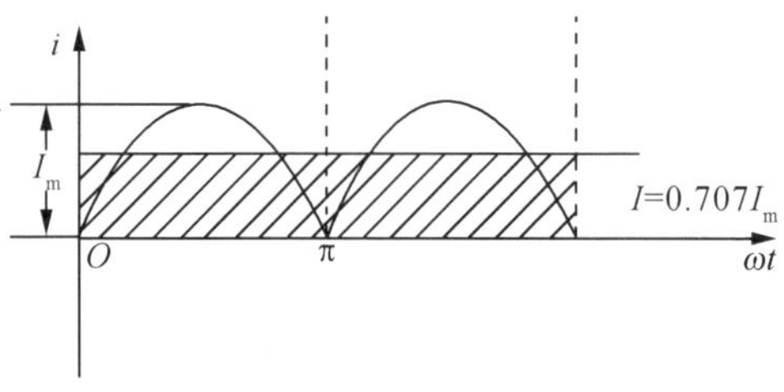

图 4.16

4. 两个同频率正弦量同相时，其相位差为________________；反相时，其相位差为__________。

5. 在电源频率为 50Hz 的纯电感电路中，已知电压的初相位为 $\frac{\pi}{4}$，电流 $I=5A$，则电流的瞬时表达式 $i=$____________________。

6. 在 RL 串联电路中，电路的总电压与电流的相位关系为电压____________电流一个____________，电路呈____________性。

7. 在 RLC 串联电路中，总电压 $U=$____________；其阻抗 $Z=$____________，阻抗三角形的 3 条边分别由____________、____________、____________组成；其有功功率 $P=$____________，无功功率 $Q=$____________，视在功率 $S=$____________，功率三角形的 3 条边分别由____________、____________、____________组成。

8. 在 RLC 串联电路中，当 $X_L=X_C$ 时，电路呈______________性；当 $X_L>X_C$ 时，电路呈__________性；当 $X_L<X_C$ 时，电路呈____________性。

*9. 串联谐振的阻抗为____________，电流为____________，且与信号源电压________相，电阻两端的电压等于____________，电感电压和电容电压等于____________。

二、判断题（每题2分，共20分）

1. 两个正弦交流电的相位差即它们的初相位之差。（　　）
2. 两个正弦交流电正交，则其相位差为π。（　　）
3. $u_1=10\sin\left(\omega t+\frac{\pi}{3}\right)$V，$u_2=\sin\left(\omega t+\frac{2\pi}{3}\right)$V，则$u_1$、$u_2$相位关系为$u_1$超前$u_2$。（　　）
4. 在纯电阻电路中，因电阻是耗能元件，则其无功功率为0，功率因数为1。（　　）
5. 在直流电路中，电容器视为短路，电感器视为开路。（　　）
6. 感性电路是指电压超前电流$\frac{\pi}{2}$的电路。（　　）
7. 在交流电路中，电压与电流的相位差为0，该电路必定是纯电阻电路。（　　）

*8. 在图4.17所示电路中，当开关S断开时发生串联谐振；S闭合后，电路的性质变为容性。（　　）

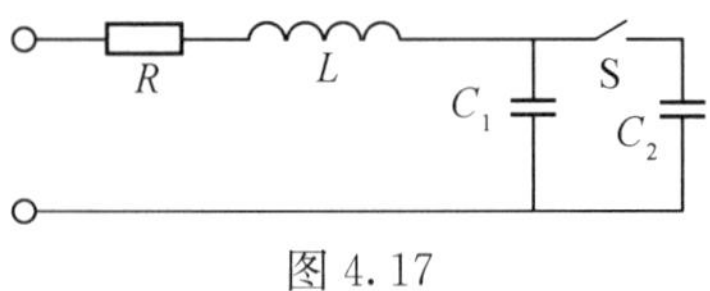

图 4.17

*9. 交流电路处于串联谐振时，阻抗最大，电流最小。（　　）

10. 用相量图或波形图及解析式求交流电的和与差时，必须是同频率的交流电。（　　）

三、单项选择题（每题2分，共18分）

1. 在图4.18中，电压表读数分别为$U_1=10$V，$U_2=10$V，$U_3=10$V，则电路的总电压U为（　　）。

A. 0V　　B. 10V

C. 20V　　D. 30V

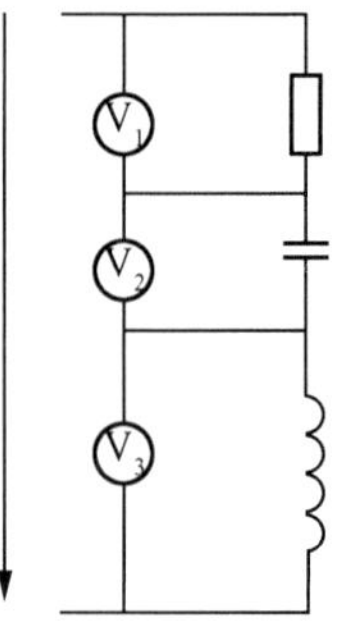

图 4.18

2. 通常所说的380V的动力电压为（　　）。

A. 瞬时值　　B. 有效值

C. 最大值　　D. 都不是

3. 在RC串联电路中，下列表达式中正确的是（　　）。

A. $S=P+Q$　　B. $Z=R+X_C$

C. $U=\sqrt{U_R^2+U_C^2}$　　D. $U=U_R+U_C$

4. 已知正弦交流电压为 $u=311\sin\left(314t+\frac{\pi}{6}\right)\mathrm{V}$,它的有效值、频率 f 和初相位分别是(　　)。

A. $U=311\mathrm{V}, f=-100\mathrm{Hz}, \varphi=\frac{\pi}{6}$　　B. $U=220\mathrm{V}, f=50\mathrm{Hz}, \varphi=\frac{\pi}{6}$

C. $U=311\mathrm{V}, f=50\mathrm{Hz}, \varphi=-\frac{\pi}{6}$　　D. $U=220\mathrm{V}, f=100\mathrm{Hz}, \varphi=-\frac{\pi}{6}$

5. 如图 4.19 所示,电路的属性为(　　)。

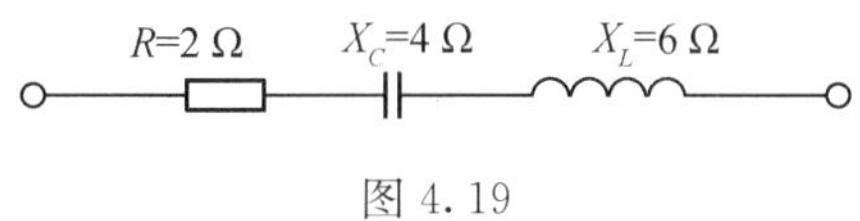

图 4.19

A. 阻性　　B. 感性　　C. 容性　　D. 都不是

6. 如图 4.20 所示电路,当 S 闭合时,电路发生谐振;当 S 断开时电路呈(　　)。

A. 感性　　B. 容性

C. 阻性　　D. 谐振

图 4.20

7. 将 100W/220V 的白炽灯分别接到 220V 的交、直流电源上,其发光效果(　　)。

A. 接到直流电源上比接到交流电源上亮

B. 接到交、直流电源上一样亮

C. 接到交流电源上比接到直流电源上亮

D. 接到交流电源上灯光闪烁,接到直流电源上灯光稳定

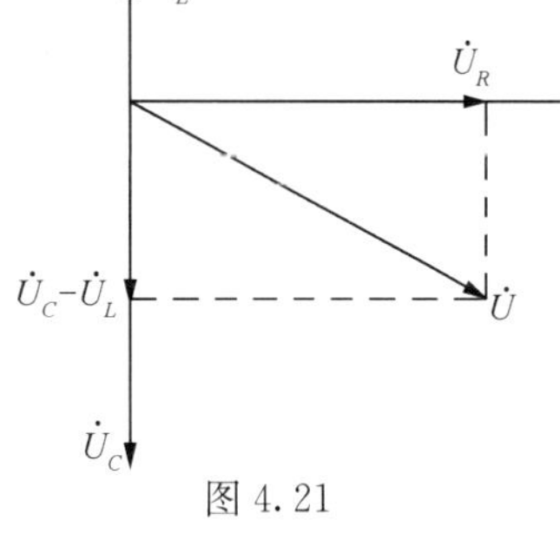

图 4.21

8. 矢量图如图 4.21 所示,电路呈(　　)。

A. 阻性　　B. 容性

C. 感性　　D. 都不是

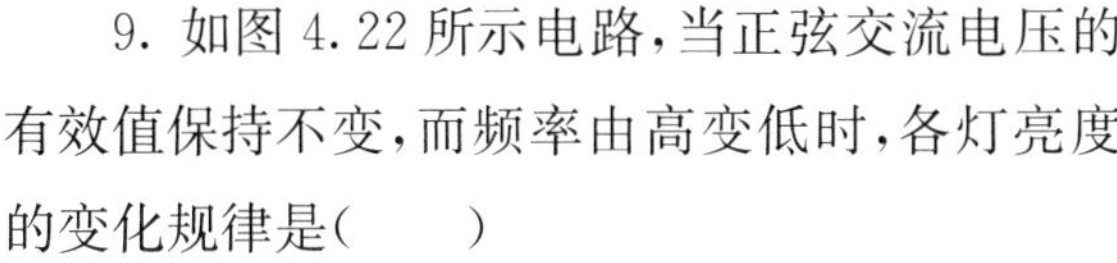

9. 如图 4.22 所示电路,当正弦交流电压的有效值保持不变,而频率由高变低时,各灯亮度的变化规律是(　　)

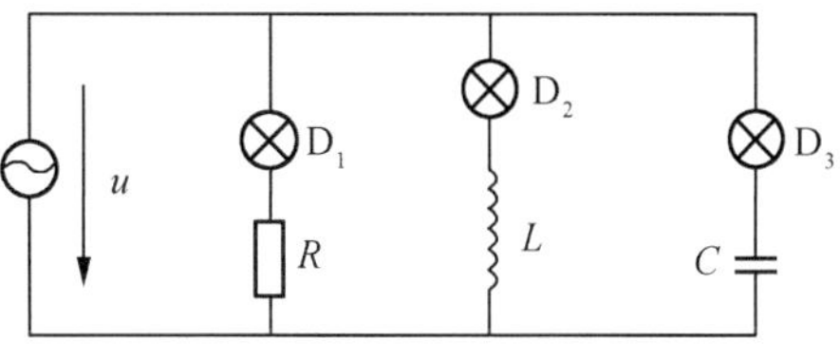

图 4.22

A. 各灯亮度都不变

B. D_1 不变,D_2 变暗,D_3 变亮

C. D_1 不变,D_2 变亮,D_3 变暗

D. D_1 变暗，D_2 不变，D_3 变亮

四、作图题（每题 3 分，共 6 分）

1. 两个正弦交流电压的表达式分别为 $u_1=200\sqrt{2}\sin\left(341t-\frac{\pi}{3}\right)$V，$u_2=110\sqrt{2}\sin\left(314t+\frac{\pi}{6}\right)$V，作出 u_1、u_2 的波形图和矢量图。

2. 画出 RL 串联电路和 RLC 串联电路的电压三角形、阻抗三角形、功率三角形。

五、简答题（每题 5 分，共 10 分）

1. 怎样判断一支钢笔式试电笔是否可用？怎样正确使用？

2. 怎样排除荧光灯通电后只是两端发红但一直点不燃的故障?

六、计算题(每题 7 分,共 14 分)

1. 在 RLC 串联电路中,已知电阻 $R=5\Omega$,$L=1.5\text{mH}$,$C=25\mu\text{F}$,现将它们接于频率 $f=600\text{Hz}$ 的交流电源上,求该电路的阻抗。

2. 工作在 220V/50Hz 交流电源上的纯电感线圈,已知通过线圈的交流电流有效值为 2A,试求该线圈的自感系数。

单元 5 三相交流电路

练　习　题

一、填空题

1. 在三相四线制电源中，星形联结中的线电压和相电压的大小关系为__________。

2. 在三相四线制中，线电压为 380V 时，相电压为__________；当相电流为 10A 时，线电流为__________。

3. 已知对称三相四线制中，U 相电压瞬时值表达式为 $U_U=120\sin\left(100\pi t-\frac{\pi}{4}\right)$V，则 $U_V=$__________，U_W__________。

4. 在对称负载的三相电路中，负载做星形联结，其三相电路的有功功率 $P=$__________或 $P=$__________，无功功率 $Q=$__________或 $Q=$__________，视在功率 $S=$__________或 $S=$__________。

5. 在三相四线制低压配电线路中，接到动力开关上的是__________线，它们之间的电压为__________电压，大小是__________ V，接到照明电路上的是__________线和__________线，它们之间的电压为__________电压，大小为__________ V。

6. 三相交流电依次达到最大值的先后顺序叫作__________，习惯上对称三相电源的相序为__________，负载的相序为__________。

7. 在三相不对称负载的星形联结中，中性线的作用是使__________成为__________的回路，使三相负载电压对称，确保电路安全工作。因此，中性线上不能够安装__________和__________。

二、判断题

1. 在三相四线制供电系统中，中性线上不能安装熔丝和开关。　（　　）
2. 额定电压为 220V 的三相电动机线圈绕组在 380V 三相交流电路中只能接成星形。　（　　）
3. 在三相四线制供电网络中，中性线上可以安装熔丝和开关。　（　　）
4. 在三相四线制电路中，当其中一相负载改变时，对其他两相负载均有很大的影响。　（　　）
5. 三相负载做星形联结时必须有中性线。　（　　）
6. 三相电路用于照明系统供电时，中性线不能省去。　（　　）
7. 在三相四线制电路中，无论负载是否对称，负载的相电压是对称的。　（　　）
8. 三相异步电动机和三相变压器都是三相电路中的对称负载。　（　　）
9. 三相负载做三角形联结，相电流必定是线电流的$\sqrt{3}$倍。　（　　）

三、单项选择题

1. 中性线断了对电路工作有影响的是（　　）。

A. 星形联结负载有中性线电路　　B. 星形联结对称负载有中性线电路

C. 三角形联结负载电路　　D. 星形联结负载无中性线电路

2. 在三相交流星形联结电路中，能省去中性线的是（　　）。

A. 对称负载　　B. 不对称负载

C. 使用中性线可变动的负载　　D. 都不是

3. 在三相四线制中，线电压 U_L 与相电压 U_N 的关系应该满足（　　）。

A. $U_L=\sqrt{3}U_N$，U_L 超前 U_N $\frac{2\pi}{3}$　　B. $U_L=\sqrt{3}U_N$，U_L 超前 U_N $\frac{\pi}{6}$

C. $U_L=\sqrt{3}U_N$，U_L 超前 U_N $\frac{2\pi}{2}$　　D. U_L 与 U_N 同相

4. 如果改变一相负载，对另两相均无影响的三相电路是（　　）。

A. 星形联结三相三线制对称电路　　B. 星形联结三相三线制电路

C. 星形联结三相四线制电路　　D. 都不对

5. 对称负载做星形联结时，线电压 $U_L=220\sqrt{3}$ V，相电压 U_N 为（　　）。

A. 475V　　B. 220V　　C. $220\sqrt{3}$ V　　D. $660\sqrt{3}$ V

6. 在同一个电源下，某三相负载做星形联结时，线电流是 9A，那么该负载相电流

是(　　)。

A. 9A　　B. 18A　　C. 27A　　D. 3A

7. 三相电动机和三相照明电路的电源选用正确的供电线路是(　　)。

A. 都采用三相三线制

B. 都采用三相四线制

C. 三相电动机采用三相三线制,三相照明电路采用三相四线制

D. 三相电动机采用三相四线制,三相照明电路采用三相三线制

8. 当三相负载越接近对称时,中性线电流(　　)。

A. 越大　　B. 越小　　C. 为零　　D. 不变

9. 对称三相电动势是指(　　)的三相电动势。

A. 最大值相等、频率相同、相位相同

B. 最大值相等、频率相同、相位彼此相差$\frac{\pi}{3}$

C. 最大值相等、频率相同、相位彼此相差$\frac{2\pi}{3}$

D. 都不对

10. 对对称三相负载的描述正确的是(　　)。

A. 各相负载的电阻、电容分别相等

B. 各相负载的电阻、电感分别相等

C. 各相负载的阻抗相等

D. 各相负载的阻抗相等,性质相同,但相位差$\frac{2\pi}{3}$

11. 当三相异步电动机绕组的额定电压为220V时,在线电压为380V的三相三线制的供电电网中,三相异步电动机三相绕组应该采用(　　)联结。

A. 三角形　　B. 星形

C. 星形或三角形　　D. 电网电压太高,电动机无法正常工作

12. 在某三相电路中,已知负载对称,相电压为220V,相电流为10A,功率因数$\cos\varphi=0.5$,三相负载的总有功功率为(　　)W。

A. 3300　　B. 6600　　C. $1100\sqrt{3}$　　D. 1100

13. 三相额定电压为220V的电热丝,接到线电压为380V的三相电源上,其正确接

法是(　　)。

A. 三角形联结　　B. 星形联结无中性线

C. 星形联结有中性线　　D. 都不对

14. 正弦交流电常用的表达方法有(　　)。

A. 解析式表示法　B. 波形图表示法　C. 相量表示法　D. 以上都是

15. 三相对称负载是指(　　)。

A. 各相负载的电阻值相等

B. 各相负载的有功功率相等

C. 各相负载的电抗值相等

D. 各相负载性质相同,且各相电阻值、电抗值相等

16. 当照明负载采用星形联结时,必须采用(　　)。

A. 三相三线制　B. 三相四线制　C. 单相制　D. 任何线制

17. 停在高压电线上的小鸟不会触电是因为(　　)。

A. 小鸟是绝缘体,所以不会触电

B. 高压线外面包有一层绝缘层

C. 小鸟的适应性强,耐高压

D. 小鸟只停在一根电线上,两爪间的电压很小

18. 在三相四线制供电线路上,干路中性线应(　　)。

A. 按额定电流值装熔断器　　B. 装熔断器

C. 不允许装熔断器　　D. 装不装熔断器视具体情况而定

19. 三相对称电动势在相位上互差(　　)。

A. 90°　B. 120°　C. 150°　D. 180°

20. 我国低压三相四线制供电系统可以提供(　　)电压。

A. 311V　　B. 600V

C. 220V 和 380V 两种　　D. 250V

四、作图题

1. 已知对称三相电动势相序为 L_1-L_2-L_3,其中 $e_1=380\sin\left(100\pi t-\frac{\pi}{3}\right)$V,试画出这三相电动势的最大值旋转矢量图。

2. 如图 5.1 所示，请将(a)组的 3 个电阻负载联结成三相三线制供电方式的星形联结；(b)组的 3 个电感性负载联结成三相三线制供电方式的星形联结；(c)组的 3 只灯泡联结成三相四线制供电方式的星形联结。

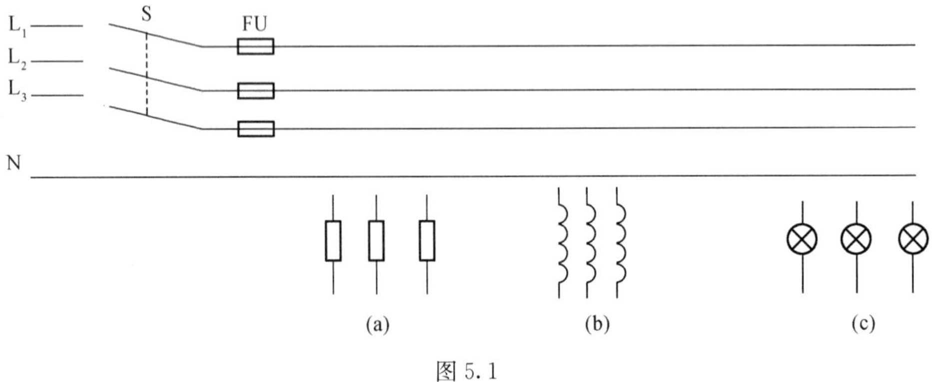

图 5.1

五、简答题

1. 负载做星形联结时，什么时候用三相三线制？什么时候用三相四线制？

2. 在三相四线制供电系统中，中性线的作用是什么？中性线上安装熔丝能不能“保险”？

六、计算题

1. 有一对称三相负载，每相电阻 $R=8\Omega$，感抗 $X_L=6\Omega$，接到线电压为 380V 的三相电源上。求星形联结时的负载电流。

2. 有一对称三相负载，每相电阻 $R=3\Omega$，感抗 $X_L=4\Omega$，分别用星形联结、三角形联结并接于 380V 的三相对称电源上，试计算出两种联结方式下的相电流和线电流。

3. 有一台三相电阻炉接到 380V 的交流电源上，每相电阻丝电阻 $R=20\Omega$，试计算它做星形联结时的线电流和功率。

4. 在线电压为 380V、频率为 50Hz 的交流电路上，星形接入各相电阻 $R=6\Omega$，$L=25.5\text{mH}$ 的对称三相负载，求通过每相负载的电流和总有功功率。

检 测 题

（满分 100 分，测试时间 45 分钟）

一、填空题（每空 2 分，共 30 分）

1. 三相感应电动势的方向是由三相绕组的______端指向______端。

2. 设三相电动势 $e_A = 200\sin\left(100\pi t + \frac{\pi}{3}\right)$ V，则 $e_B =$ __________ V；$e_C =$ __________ V。

3. 在图 5.2 所示的三相电源的矢量图中，直接可以看出，在同一相电路中，线电压超前于相电压__________，各相电压之间相位差为__________，线电压是相电压的__________倍。

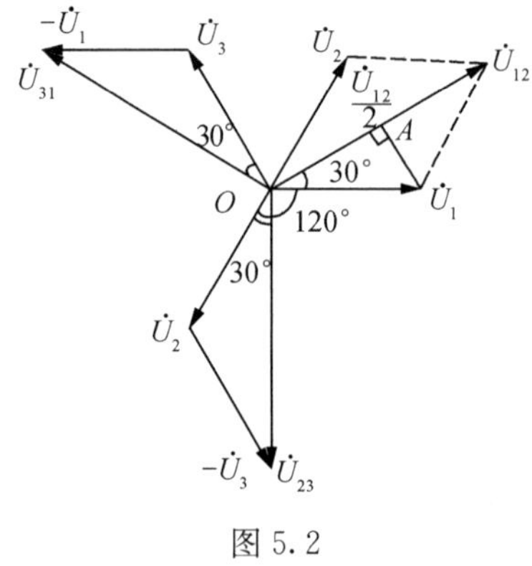

图 5.2

4. 三相电动机多采用__________制供电，而三相照明系统又采用__________制供电。

5. 在三相四线制的星形联结中，线电流是相电流的__________倍。

6. 三相电路对称时，有功功率 $P=$__________；不对称时，有功功率 $P=$__________。

7. 在三相不对称负载中，中性线的作用是______________________________，所以中线上不允许接入____________________。

8. 三相交流电依次达到最大值的先后顺序叫作__________。

二、判断题(每题 4 分,共 20 分)

1. 在三相电路中,每相的线电压和相电压的相位差是$\frac{2\pi}{3}$。　(　　)

2. 在三相四线制电路中,当其中一相负载改变时,对其他两相负载均有很大的影响。　(　　)

3. 为了节省原材料,三相电动机和三相变压器都可以用三相三线制供电。　(　　)

4. 在照明电路中,为了更安全,在相线和中性线上均应加装熔断器。　(　　)

5. 不对称三相电路的总功率等于各相负载功率之和。　(　　)

三、单项选择题(每题 4 分,共 20 分)

1. 在三相电路中,必须要有中性线的电路是(　　)。

A. 三相电动机供电电路　　B. 三相变压器供电电路

C. 三相照明电路　　D. 三相电阻炉

2. 对称三相电动势是指(　　)的三相电动势。

A. 有效值相等、频率相同、相位相同

B. 有效值相等、频率相同、相位彼此相差$\frac{\pi}{3}$

C. 有效值相等、频率相同、相位彼此相差$\frac{2\pi}{3}$

D. 都不对

3. 在一次暴风雨后,在同一变压器供电系统中,某栋楼房的电灯突然变得比平时亮很多,其他楼房的电灯比平时暗淡了许多。发生这种事情的原因是(　　)。

A. 供电变压器被雷击坏　　B. 中性线被大风吹断

C. 发电厂输出电压不对称　　D. 无法确定

4. 如果任意改变一相负载,对另两相均无影响的三相电路是(　　)。

A. 星形联结三相四线制电路　　B. 星形联结三相三线制电路

C. 星形联结三相三线制对称电路　　D. 都不对

5. 在相同电压作用下,同一台三相异步电动机做三角形联结所取用的功率是做星形联结所取用功率的(　　)倍。

A. $\sqrt{3}$　　B. 3　　C. $\frac{1}{3}$　　D. $\frac{1}{\sqrt{3}}$

四、作图题(7分)

已知对称三相电动势相序为 L_1-L_2-L_3，其中 $e_1=380\sin\left(100\pi t-\frac{\pi}{3}\right)$V，试画出这三相电动势的最大值旋转矢量图。

五、简答题(10分)

为什么中性线上不能安装开关和熔断器？

六、计算题(13分)

有3只100Ω的电阻，联结成星形接于线电压为380V的三相对称电源上。试求其线电压、相电压，线电流和相电流。

全书检测题

全书检测题一

（满分 100 分，测试时间 90 分钟）

一、填空题（每空 1 分，共 33 分）

1. 电阻的阻值主要与__________、__________和__________有关。

2. 电容器串联后的等效电容比参与串联的每一个电容器容量__________，但等效电容耐压比每一个电容耐压__________。电容器并联后等效电容比参与并联的每一个电容器容量要__________，并联电容器的耐压等于______________。

3. 在直流电路中电压的方向规定由__________指向__________；电动势的方向由__________指向__________。

4. 1kW·h 等于__________焦耳。

5. 电路短路时，外电路两端的电压等于__________。

6. 3 个电阻串联，阻值分别是 $R_1=20\Omega$，$R_2=50\Omega$，$R_3=10\Omega$，经过 R_1 上的电流为 2A，此时通过 R_3 的电流为__________，串联电阻两端总电压为__________。

7. 电流表__________在被测电路中测电流，而电压表__________在被测电路两端测电压。

8. 在 RLC 串联电路中，使电路呈阻性的条件是__________，呈感性的条件是__________，呈容性的条件是__________。

9. 形成电流的两个必要条件是：______________、______________，电

流的方向规定为____。

10. 电容量表示电容器________的能力，它在数值上等于________之比，用公式表示为__________。

11. 触电现场处理方法包括：________、________、________、________等四大类。

12. 对两个以上的正弦交流电进行分析和计算的前提是________________。

13. 橙橙黑红棕的五色环电阻的阻值为________，误差为________。

二、判断题（每题 2 分，共 18 分）

1. 无论将电容器接在直流电源上或交流电源上，它的电容量都是不变的。 （　　）

2. 外磁场发生变化使线圈产生的感应电流所产生的磁场总是和外磁场方向相反。 （　　）

3. 串联电路中，总电阻值恒大于组成该电路的任何一个电阻值。 （　　）

4. 若干个用电器，无论将它们串联使用还是并联使用，它们消耗的总功率都等于各个用电器消耗功率之和。 （　　）

5. 大小和方向随时间变化的电流都称为正弦交流电。 （　　）

6. 在直流电路中，电容器视为开路，纯电感线圈视为短路。 （　　）

7. 用左手定则判断载流导线在磁场中所受力的方向时，特别应注意运动电荷的正、负，若是负电荷，则受力方向应相反。 （　　）

8. 正弦交流电可以用解析法、波形法和矢量分析法计算。 （　　）

9. 相位差是两个正弦交流电初相位之差。 （　　）

三、单项选择题（每题 3 分，共 21 分）

1. 电路如图 1 所示，若电源内阻不计，当电流表 A 被短接时，则（　　）。

A. A 表将损坏

B. V 表将损坏

C. 电灯将损坏

D. 不发生任何不良情况

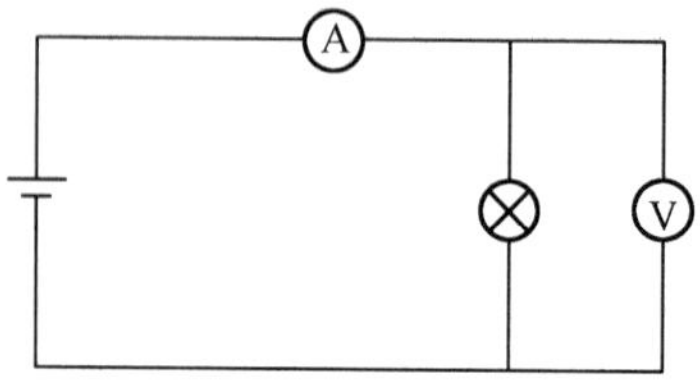

图 1

2. 电路如图 2 所示，已知 $U_{AO}=50\text{V}$，$U_{BO}=30\text{V}$，$U_{CO}=-10\text{V}$，则 U_{CA} 为（　　）。

A. 60V

B. 40V

C. −60V

D. −40V

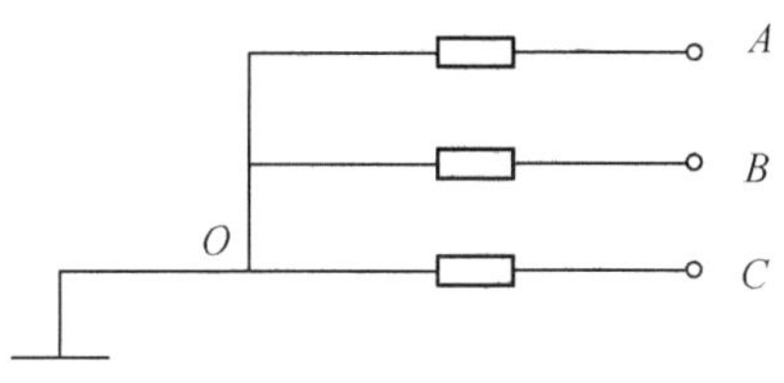

图 2

3. 某发电站输出电功率为 P，输电线路电阻为 R，若用电压 U 送电，在 t 秒内，导线上消耗的电能是(　　)。

A. $\frac{U}{R}t$ 焦耳　　B. PRt 焦耳

C. $\frac{U^2}{P}t$ 焦耳　　D. $\left(\frac{P}{U}\right)^2 Rt$ 焦耳

4. 在纯电感电路中，已知电流的初相位为−60°，则电压的初相位为(　　)。

A. 30°　　B. 60°　　C. 90°　　D. 120°

5. 电路如图 3 所示，各电容器容量均为 C，设图 3(a)等效电容为 C_a，图 3(b)等效电容为 C_b，则(　　)。

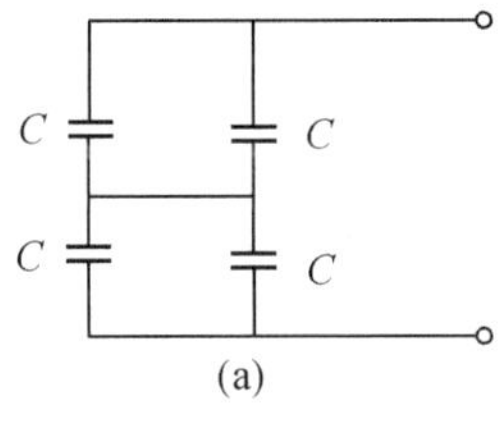

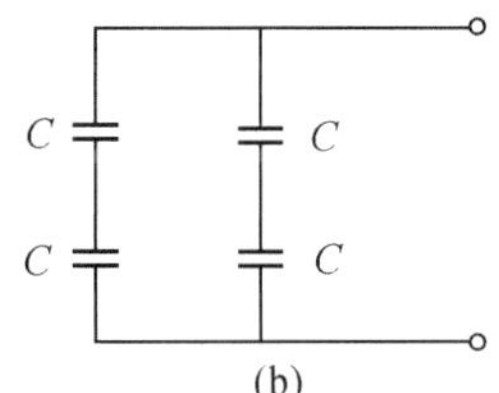

图 3

A. $C_a = C_b$　　B. $C_a > C_b$

C. $C_a > C_b$　　D. 无法确定

6. 某变压器的电压为 220V/36V，二次绕组接有一盏 36V/100W 的白炽灯泡，当灯泡正常发光时，二次绕组中的电流为(　　)。

A. 0.45A　　B. 2.8A

C. 1A　　D. 0.16A

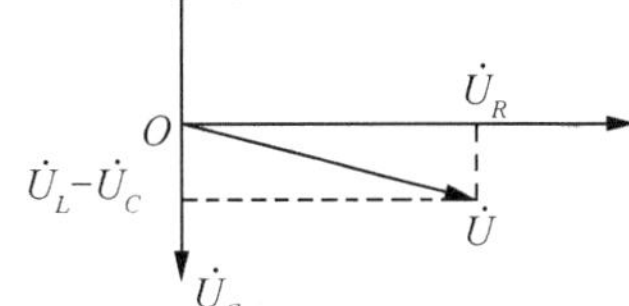

图 4

7. RLC 串联电路相量图如图 4 所示，该电路的性质是(　　)。

A. 电阻性　　B. 电感性　　C. 电容性　　D. 无法确定

四、作图题（每题 4 分，共 8 分）

1. 在三相四线制供电网络中，电动机每相绕组工作电压为 220V，如图 5 所示，试在接线板及供电网络上画出接线图。

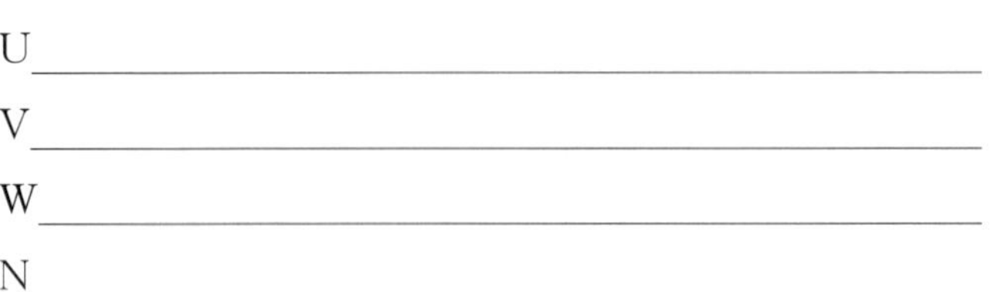

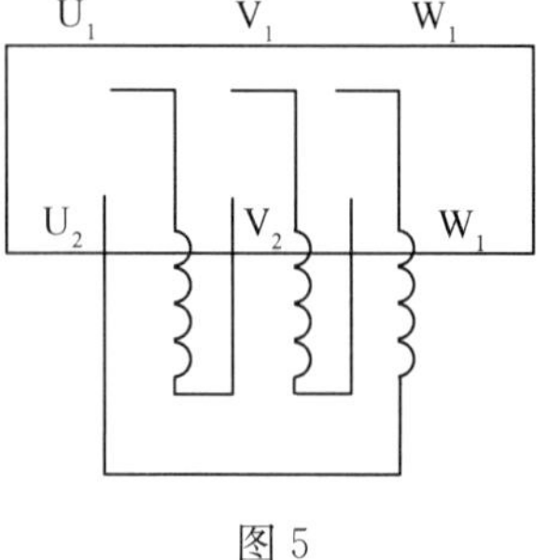

图 5

2. 在图 6 所示电路中，当 R_P 滑动触头向下滑时，试标出图中导体 AB 的运动方向。

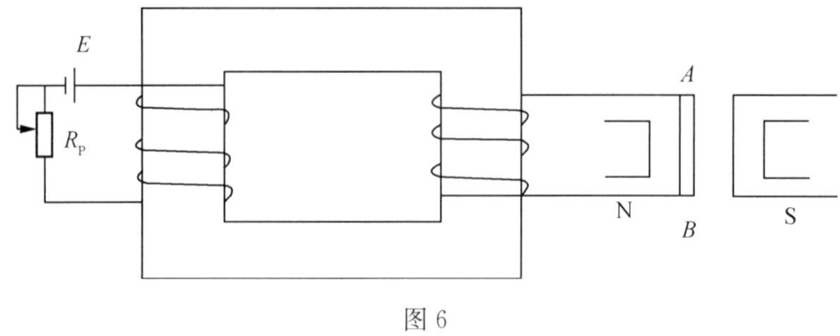

图 6

五、简答题（每题 4 分，共 8 分）

1. 在电路中有若干负载与电源并联，各负载的端电压相等，当并联的负载不断增加时，负载两端电压逐渐下降，为什么？

2. 在三相四线制供电系统中，中性线有什么作用？若照明电路中的中性线断了，会产生什么后果？

六、计算题(每题 6 分，共 12 分)

1. 微安表内阻和灵敏度如图 7 所示，如果将表的量程扩大为 5V、100V、500V，试求 R_1、R_2、R_3 的值。

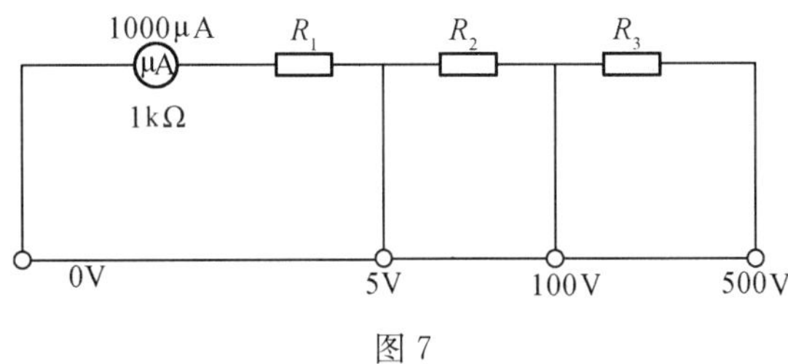

图 7

2. 电路如图 8 所示，已知 $R_1=2\Omega$，$R_2=3\Omega$，$R_3=5\Omega$，$R_4=4\Omega$，电源 $E_1=36V$，$E_2=16V$，$E_3=12V$，电源内阻不计，求 a、b、c、d、e、f 各点的电位。

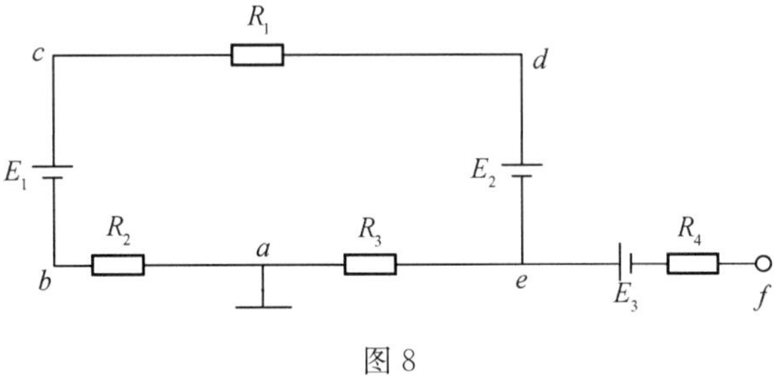

图 8

全书检测题二

（满分 100 分，测试时间 90 分钟）

一、填空题(每空 1 分，共 31 分)

1. 电容器根据其结构可分为__________、__________、__________3 类。

2. 磁场中某点磁场的大小，等于该点磁感应强度 B 与______________的比值。

3. 在直流电路中外电路电流的方向规定由___________指向__________；电压的方向由__________指向__________。

4. 电动势的方向由________指向________。

5. 电路开路时，外电路两端的电压等于______________。

6. 交流电的有效值是指在________效应方面与直流电等效的值。它是最大值的________倍。

7. 电动势、电压和电流分别用符号________、________和________表示。

8. 直流电的频率为______________，周期为______________。

9. 在 RLC 串联的电路中，使电路呈阻性的条件是__________，呈感性的条件是__________，呈容性的条件是__________。

10. 法拉第电磁感应定律用来计算感应电动势的__________，楞次定律用来判断感应电动势的__________，__________是楞次定律的特例。

11. 人体触电的种类有__________、__________、__________等。

12. 电阻元器件标称阻值与允许误差的标注方法有直标法、__________、__________和数字法。

13. 棕红黑红棕的五色环电阻的阻值为________，误差为__________。

二、判断题(每题 2 分，共 20 分)

1. 导体的长度和横截面面积都增大一倍，其电阻值也增大一倍。（　　）

2. 外磁场发生变化使线圈产生的感应电流所产生的磁场总是和外磁场方向相反。（　　）

3. 根据公式 $P=I^2R$ 可见，电热器的功率与电阻成正比，所以 100W 的灯泡电阻比 60W 灯泡电阻大。 ( )

4. 正温度系数的电阻在温度升高时，电阻值变小。 ( )

5. 旋转矢量不仅能反应正弦交流电的三要素，还能利用它在纵轴上的投影反映出瞬时值。 ( )

6. 在直流电路中，电容器视为短路，纯电感线圈视为开路。 ( )

7. 用右手定则判断运动电荷在磁场中所受到的力的方向时，特别应注意运动电荷的正、负，若是负电荷，则受力方向应相反。 ( )

8. 交流电路中，经常利用电容器对感性负载进行补偿，以提高功率因数。 ( )

9. 在 $R=r$ 时，负载获得最大功率。 ( )

10. 涡流具有增强原磁场的作用。 ( )

三、单项选择题(每题 3 分，共 21 分)

1. 电路如图 9 所示，$R_1=R_2$，当开关 S 闭合时，通过电流表 A 的电流将( )。

A. 减小

B. 不变

C. 增大

D. 无法确定

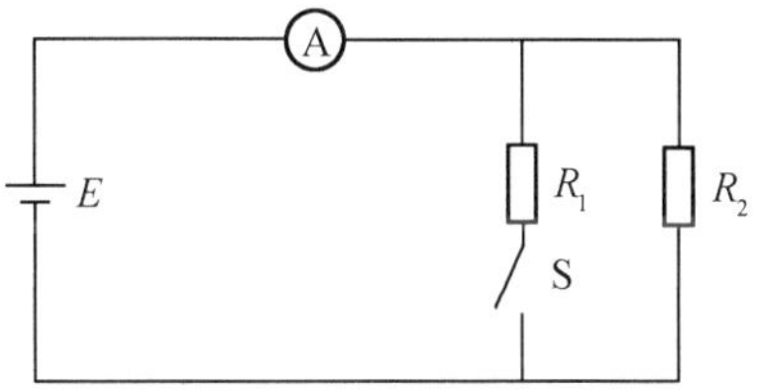

A E R1 R2 S

图 9

2. 已知 $U_{AB}=50V$，$V_A=30V$，则 V_B 为( )。

A. 20V　　B. 30V　　C. －20V　　D. －30V

3. 电容 C_1、C_2 并联，其中 $C_1=20\mu F$，$C_2=80\mu F$，则 C_1、C_2 并联后等效的电容量为( )。

A. 16μF　　B. 60μF　　C. 100μF　　D. 40μF

4. 欲使某电热丝消耗的功率减小到原来的一半，其措施是( )。

A. 将电阻丝长度减半　　B. 将长度减为原来的 1/4

C. 长度、电压均减半　　D. 电源电压减半

5. 在图 10 中所示的交流相量图中，可以看到该电路( )。

A. 呈电阻性　　B. 呈电感性

C. 呈电容性　　D. 不能确定

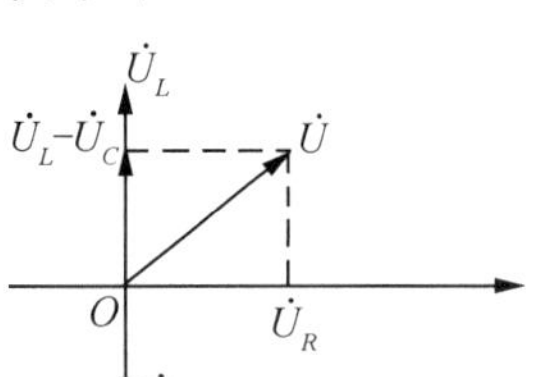

$\dot{U}_L$ $\dot{U}_L-\dot{U}_C$ $\dot{U}$ O $\dot{U}_R$ $\dot{U}_C$

图 10

6. 通常所说的 220V 的交流电是指( )。

A. 电流　　　　　　　　　　B. 电动势

C. 电压　　　　　　　　　　D. 电位

7. 闭合回路中，感应电动势的大小（　　）。

A. 与穿过该闭合回路的磁通量成正比

B. 与穿过该闭合回路的磁通变化量成正比

C. 与穿过该闭合回路的磁通变化率成正比

D. 与穿过该闭合回路的磁感应强度成正比

四、简答题（每题 4 分，共 12 分）

1. 楞次定律告诉我们，感应电流产生的磁通总是阻碍原磁通的变化，这是不是说感应电流产生的磁通总是与原磁通方向相反？

2. 常见的人体触电的类型有哪几种？发生触电的原因有哪些？

3. 试比较电压和电位的异同点。

五、计算题(第 1、2 题各 4 分,第 3 题 8 分,共 16 分)

1. 某一电源的短路电流为 1.5A,若外电路的负载电阻为 4Ω,电流为 0.5A,求电源的电动势和内阻。

2. 有两只电容器:一只电容量为 10μF,耐压为 100V;另一只电容量为 20μF,耐压为 100V。它们串联后能接在电压为 150V 的电路中吗?

3. 在 $u=100\sqrt{2}\sin(100\pi t-3\pi)$V 的交流电源上接入 $C=100\mu$F 的电容器:①试计算流过该电容器的电流有效值;②画出电流、电压波形图和旋转矢量图;③当电源频率变为 100Hz 时电路的容抗是多少?电流有效值有多大?

全书检测题三

（满分 100 分，测试时间 90 分钟）

一、填空题（每空 1 分，共 31 分）

1. 三相发电机绕组首端分别用__________、__________和__________表示。

2. 人体触电的种类有__________、__________、__________等。

3. 红红黑蓝棕的五色环电阻的阻值为________，误差为________。

4. 纯电感电路电压超前于电流________相位角。

5. 正弦交流电的最大值又称________。

6. 三相电动机绕组首端分别用________、________和________表示。

7. 磁感线是互不交叉的________，磁感线上任意一点的切线方向，就是该点的________方向。

8. 测量直流电流时，电流表应________联于电路中，且要求红表笔接电路的________电位端，黑表笔接电路的________电位端。

9. 正弦交流电的表示方法有________法、________法和________法。在计算两个正弦量的和与差时，用________法计算最方便。

10. 有 3 个电阻串联，其阻值分别为 $R_1=20\Omega$，$R_2=20\Omega$，$R_3=20\Omega$，流经 R_1 的电流为 2A，此时流经 R_3 的电流为________ A，串联电阻两端的总电压为________ V，R_1 两端电压为________ V。

11. 纯电感元件有________作用，它在直流电路中，其电流的频率 $f=$________，所以感抗为________，相当于________状态。

12. 电容量表示电容器________的能力，它在数值上等于________。

二、判断题（每题 2 分，共 20 分）

1. 涡流对含有铁心的电动机和电气设备是有害的。电气设备的铁心采用电阻率大、表面涂有绝缘漆的硅钢片叠装而成就是为了减小涡流。（　　）

2. 电场中某点的电位大小是不能直接确定的，它随参考点选择的不同而发生变化。（　　）

3. 若干个用电器，无论将它们串联使用还是并联使用，它们消耗的总功率都等于各个用电器消耗功率之和。（　　）

4. “瓦”和“度”都是电功的单位。（　　）

5. 无论将电容器接在直流电源上还是交流电源上，它的电容量都是不变的。（　　）

6. 回路和网孔都是电路中任一闭合的路径。（　　）

7. 串联电路的总电阻比任一分电阻都小。（　　）

8. 电感器和电容器因为不消耗有功功率，所以被称为储能元件。（　　）

9. 在对称三相绕组中，线电压超前于对应相电压$\frac{2\pi}{3}$。（　　）

10. 在对称三相负载电路中，中性线是不能省去的。（　　）

三、单项选择题（每题 3 分，共 24 分）

1. 从图 11 中的曲线可以看出，R_1 与 R_2 的阻值关系为（　　）。

A. $R_1>R_2$

B. $R_1<R_2$

C. $R_1=R_2$

D. 不能确定

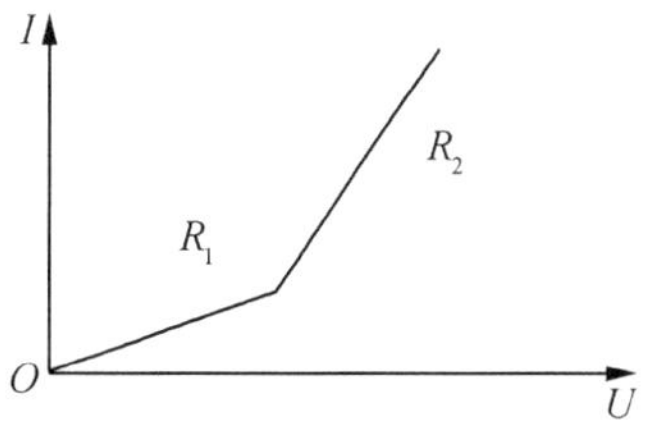

图 11

2. 下列物质可以做变压器铁心的是（　　）。

A. 整块的纯铁　　B. 涂有绝缘漆的硅钢片

C. 矩磁材料　　D. 硬磁材料

3. 用兆欧表检测三相电动机绕组的对地绝缘电阻时，兆欧表的输出端 L 和 E 应该分别连接在（　　）。

A. L 接绕组，E 接机壳

B. L 接绕组首端，E 接绕组尾端

C. L 接一相绕组首端，E 接另一相绕组首端

D. 都不是

4. 发生电磁感应现象时，电路存在的参数变为（　　）。

A. 感应电动势和感应电流同时存在　　B. 感应电动势存在

C. 感应电流存在　　D. 都不存在

5. 要扩大电压表的量程，应该在表头线圈上增加（　　）。

A. 并联电阻　　B. 串联电阻　　C. 混联电阻　　D. 串入整流管

6. 在全电路上，下列说法中正确的是（　　）。

A. 外电路电压与电源内电压相等　　B. 开路时外电压等于电源电动势

C. 开路时外电压等于零　　D. 外电路短路时，电源内电压等于零

7. 中性线断了，对电路工作有影响的是（　　）。

A. 星形负载有中性线的照明电路　　B. 星形联结对称负载有中性线电路

C. 三角形负载电路　　D. 星形负载无中性线电路

8. 对成人做口对口人口呼吸时，每分钟循环的次数为（　　）。

A. 18～24 次　　B. 20～26 次　　C. 22～28 次　　D. 14～16 次

四、简答题（每题 4 分，共 12 分）

1. 在交流电路中，电阻器、电感器、电容器的作用有何不同？

2. 为什么把电压表直接接在电源的两端，可以直接测得电源的电动势？

3. 保护接地与保护接零有哪些异同点？

五、计算题(第 1、2 题各 5 分,第 3 题 3 分,共 13 分)

1. 在图 12 所示的电路中,试说明该电路有几个节点,几个网孔,几个回路。已知 $E_1=40V$,$E_2=5V$,$E_3=25V$,$R_1=5\Omega$,$R_2=R_3=10\Omega$。用支路电流法求各支路的电流。

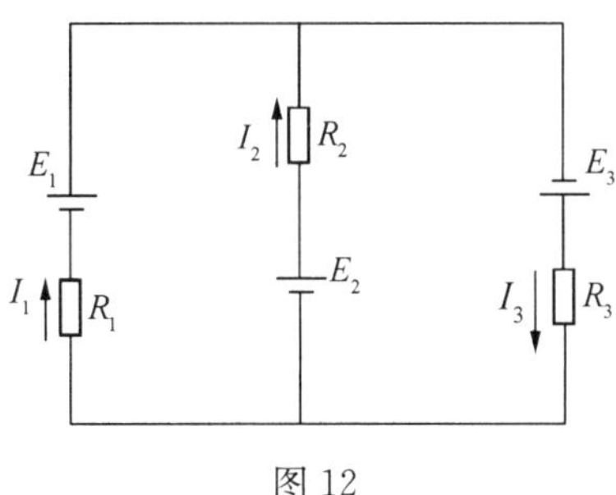

图 12

2. 甲电容器标称值为 0.25μF/250V,乙电容器标称值为 0.5μF/300V,现将两者串联于 510V 的交流电路中,求两个电容器上各自承受的电压。这种连接是否安全?

3. 在 RLC 串联电路中,已知 $R=16\Omega$,$X_L=4\Omega$,$X_C=16\Omega$,接于电源电压 $u=100\sqrt{2}\sin(100\pi t+4\pi)$ V 的交流电源上,试求:电路阻抗、有功功率、无功功率、视在功率和功率因数。

全书检测题四

（满分 100 分，测试时间 90 分钟）

一、填空题(每空 1 分，共 30 分)

1. 电容器是储存________________能的元件。

2. 发现有人触电，最关键、最首要的措施是使触电者________________。

3. 表针偏转角度在表盘的________________之间最准确。

4. 正弦交流电的三要素____________、____________、____________。

5. 以电流为标准，在不同电路中，电流与电压的相位差是不同的，在纯电阻电路为____________，纯电感电路中为____________，在纯电容电路中为____________。

6. 荧光灯主要由__________、____________、____________和____________四部分组成。

7. 当 1 只电容器耐压不满足电路要求而容量又足够大时，可将几个电容器____________联使用，以提高其____________。

8. 用绝缘导线绕制的各种线圈统称____________。电感线圈中电流发生变化而使该线圈自身产生感应电动势的现象称为____________，由此产生的感应电动势称为____________，通常可用 e_L 来表示。

9. 在复杂电路中，3 条或 3 条以上支路的交汇点称为____________，电路中任一闭合路径称为____________。

10. 有两个电阻，当它们串联起来时总电阻是 10Ω，当它们并联起来时总电阻是 2.4Ω，这两个电阻分别是____________ Ω 和____________ Ω。

11. 56MΩ 用色环表示出来是________________________。

12. 保护接零适用于________________的________________供用电系统。

13. 在触电者________________及________________的情况下，必须口对口人工呼吸法和胸外心脏压挤法并用。

14. 在纯电阻电路中，电流、电压的________值、________值和________值之间的关系满足欧姆定律。

二、判断题(每题 2 分，共 20 分)

1. 电压、电位、电动势 3 个物理量的定义式基本相同，单位都是伏特，因此它们是同一个量的不同表示法。 (　　)

2. 电源自负极通过内部指向正极的方向为电动势的方向。 (　　)

3. 在电阻分压电路中，电阻值越大，其两端的电压就越高。 (　　)

4. 用基尔霍夫定律列方程式求各条支路电流时，当解出的电流为负值时，表示实际电流方向与假设的电流方向相反，因此应把原来假定的方向改过来。 (　　)

5. 电视机显像管利用了磁场对运动电荷的作用原理形成光栅。 (　　)

6. 感应电流产生的磁场总是和原磁场方向相反。 (　　)

7. 电容器必须在电路中使用时才有电量，故只有此时才会有容量。 (　　)

8. 在交流电路中，感抗、容抗、阻抗一样起着阻碍电流的作用。 (　　)

9. 不管负载是否对称，三相负载中，线电流等于相电流。 (　　)

10. 只要闭合回路的磁通越多，感应电动势就越大。 (　　)

三、单项选择题(每题 3 分，共 24 分)

1. 白炽灯的灯丝烧断后搭上再继续使用，灯会(　　)。

A. 暗　　B. 不亮　　C. 更亮　　D. 与未断前一样亮

2. 电压与电动势的方向是(　　)。

A. 电压是从高电位点指向低电位点，电动势是从电源负极指向电源正极

B. 电压和电动势都是从高电位指向低电位

C. 电压和电动势都是从低电位指向高电位

D. 电压从低电位指向高电位，电动势从高电位指向低电位

3. 将一个 220V/40W 的白炽灯泡与一个 220V/60W 的白炽灯泡串联后接于 380V 电路中，它们的发光亮度为(　　)。

A. 60W 的比 40W 亮　　B. 40W 比 60W 的亮

C. 两个一样亮　　D. 都不对

4. 使 RLC 串联电路发生谐振的条件是(　　)。

A. $L=C$　　B. $\omega L=\frac{1}{\omega C}$　　C. $\omega L=\omega C$　　D. $\omega L-LC$

5. 电容器放电结束后，下列说法中错误的是(　　)。

A. 电场能量为零　　B. 电量为零

C. 耐压为零　　D. 电容为零

6. 用颜色表示的三相电源的正相序是(　　)。

A. 绿、红、黄　　B. 黄、绿、红

C. 绿、黄、红　　D. 红、黄、绿

7. 如图 13 所示，一段导体 AB 在匀强磁场中运动，会出现的情况是(　　)。

A. 无感应电动势

B. 有感应电动势，A 点电位高

C. 有感应电动势，B 点电位高

D. 有感应电动势，A、B 两点的点位一样高

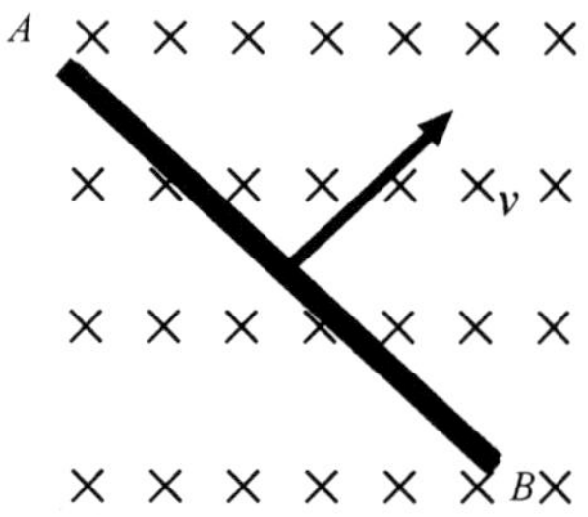

图 13

8. 电灯泡上标注的 100W/220V 指的是(　　)。

A. 最大值　　B. 有效值

C. 平均值　　D. 瞬时值

四、简答题(每题 4 分，共 12 分)

1. 把电流表接到电源两端去测电源的电流，这样做行不行？为什么？

2. 电路工作中有哪 3 种状态？哪些状态应该尽力避免？为什么？

3. 通电直导线和通电螺线管的磁场方向怎样判定？

五、计算题(第 1 题 4 分,第 2、3 题各 5 分,共 14 分)

1. 如图 14 所示,已知 $R_1=R_2=R_5=5\Omega$,$R_3=R_4=10\Omega$,试求等效电阻 R_{ab}。

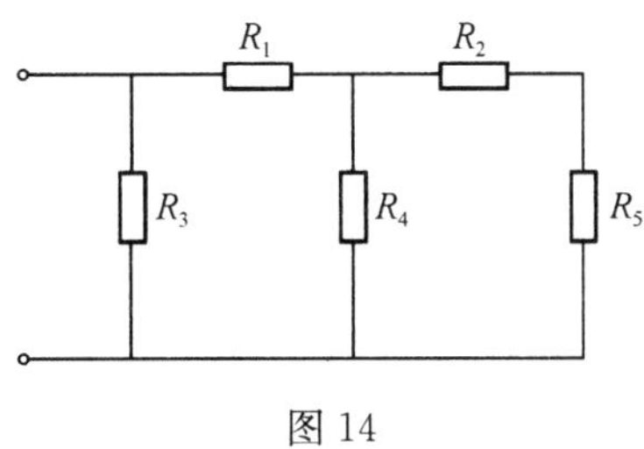

图 14

2. 一根粗细均匀的导线,当其两端电压为 20V 时,通过的电流为 I,若将此导线均匀地拉长为原来的 2 倍,要使电流仍为 I,则导线两端所加的电压应为多少?

3. 有一线圈,电阻小到可以忽略不计,现将它接于 220V/50Hz 的交流电源上,测得通过该线圈的交流电流为 0.2A,试计算该线圈的自感系数 L。

全书检测题五

（满分 100 分，测试时间 90 分钟）

一、填空题(每空 1 分，共 23 分)

1. 简单的电路由__________、__________、__________和__________组成。

2. 电阻串联电路常用于扩大__________表的量程。

3. 并联电阻的总电阻比每个分电阻都__________。

4. 磁感线的疏密程度反映了磁场__________。

5. 由楞次定律可知，感应电流产生的磁场总是会__________原来磁场的变化。

6. 使负载获得最大功率的条件是__________。

7. 两个电阻并联时的功率之比为 5∶4，则串联时的功率之比为__________。

8. 我国安全电压额定值常用等级为__________、36V、24V 和__________等 4 个等级。

9. 部分电路欧姆定律中电阻的阻值是常量，它不随__________、__________的变化而变化。

10. 当电路需要耐压较高而容量较小的电容器时，可以通过电容器的__________联解决。

11. 在我国的三相四线制供电系统中，所用的动力电压是__________电压，数值上等于__________ V；所用的照明电压是__________电压，在数值上等于__________ V。

12. 电能表是我们每个家庭都很熟悉的计量__________的仪表。

13. 法拉第电磁感应定律用来计算感应电动势的__________，楞次定律用来判断感应电动势的__________，__________是楞次定律的特例。

二、判断题(每题 2 分，共 20 分)

1. 当电路处于通路状态时，外电路负载上的电压等于电源的电动势。（　　）

2. 电阻两端的电压为 10V，电阻值为 10Ω，当电压升至 20V 时，电阻值也将变为 20Ω。（　　）

3. 110V/60W 的灯泡在 220V 电源上能正常工作。（　　）

4. 串联电阻的分压作用及并联电阻的分流作用是万用表内部电路的主要原理。（　　）

5. 磁场中,磁感线是平行、等距的一系列直线。 (　　)

6. 没有磁通变化,就没有感应电动势。 (　　)

7. 把电容器接到不同的电压上,电容量不变。 (　　)

8. 电容器串联的等效容量等于各个电容器的容量之和。 (　　)

9. 旋转矢量可以反映交流电的瞬时值。 (　　)

10. 只要是同频率正弦量就可以用旋转矢量进行加、减运算。 (　　)

三、单项选择题(每题 3 分,共 24 分)

1. 在 RLC 串联电路中,已知 $R=X_L=X_C=10\Omega$,则该电路的阻抗为(　　)。

A. 10.26Ω　　B. 14.14Ω　　C. 16.68Ω　　D. 10Ω

2. 如图 15 所示,下列 A、B、C、D 中产生的感应电流方向正确的是(　　)。

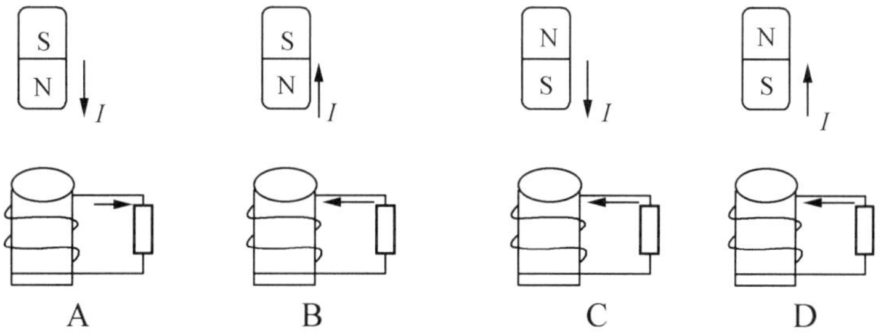

图 15

3. 在三相电路中,视在功率等于有功功率与无功功率的(　　)。

A. 代数和　　B. 代数差　　C. 矢量和　　D. 两者之积

4. 磁感线是(　　)。

A. 始于 N 极,止于 S 极

B. 始于 S 极,止于 N 极

C. 在磁体外部,由 N 极指向 S 极;在磁体内部,由 S 极指向 N 极

D. 在磁体外部,由 S 极指向 N 极;在磁体内部,由 N 极指向 S 极

5. 五环电阻色为棕、红、黑、红、棕,则它的阻值和误差分别为(　　)。

A. 12kΩ、±1%　　B. 120Ω、±2%

C. 1200Ω、±0.5%　　D. 12Ω、±1%

6. 3 只阻值均为 $R=2\Omega$ 的电阻,组成不同阻值的电路的连接方式有(　　)。

A. 1 种　　B. 2 种　　C. 3 种　　D. 4 种

7. 将一只 20μF 的电容器接于 200V/50Hz 的交流电源上,则通过该电容器的电流有

效值为（　　）。

A. 1.56A　　B. 1.84A　　C. 1.26A　　D. 1.10A

8. 一台电冰箱的压缩机功率为120W，该电冰箱的开停比为1∶2（即一天中开机时间占1/3，停机时间占2/3），以一个月30天计，该电冰箱一个月的用电度数为（　　）。

A. 24.4　　B. 25.66　　C. 28.80　　D. 29.88

四、简答题（每题4分，共12分）

1. 电压和电位之间有什么关系？如果电路中某两点的电位很高，能否说这两点之间的电压也很高？为什么？

2. 产生的感应电流与产生的感应电动势的条件有何区别？

3. 为什么三相四线制电源中的中性线不能加装熔丝？

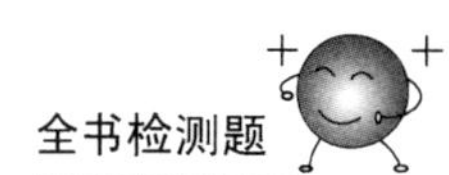

五、计算题（每题 7 分，共 21 分）

1. 如图 16 所示，在磁感应强度 $B=0.5\mathrm{T}$ 的均匀磁场中，有一根与磁场方向相交呈 30°，长 10cm 的载流直导体，磁场对载流直导体的作用力为 0.1N，方向为垂直纸面向外，求导体中电流的大小和方向。

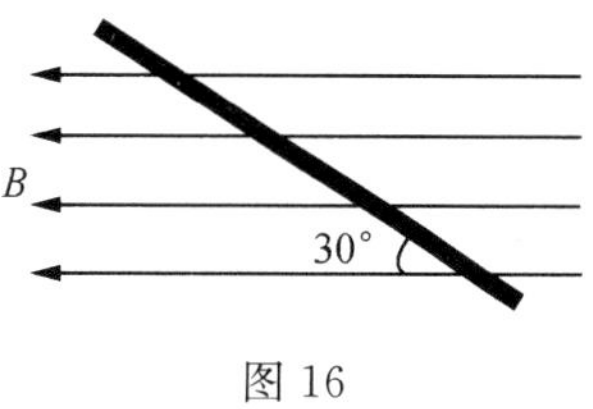

图 16

2. 已知正弦交变电动势 $e=220\sqrt{2}\sin(314t-3\pi)\ \mathrm{V}$，试求：该电动势的最大值 E_{m}、有效值 E、角频率 ω、频率 f 和初相位 φ_0，并指出其中的三要素。

3. 如图 17 所示，已知 $R_1=2\mathrm{k\Omega}$，$R_2=3\mathrm{k\Omega}$，求 A 点的电位。

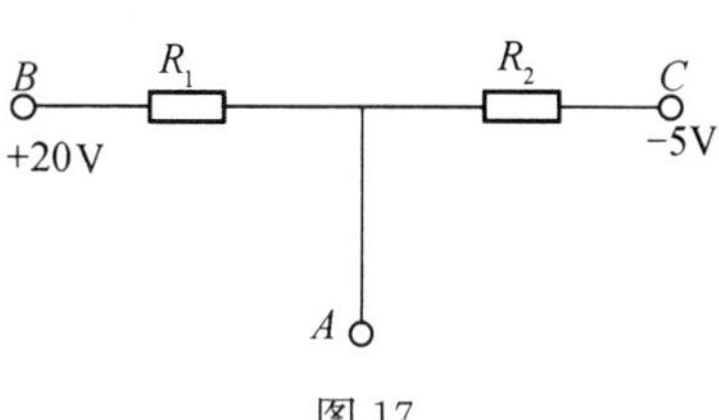

图 17

全书检测题六

（满分 100 分，测试时间 90 分钟）

一、填空题（每空 2 分，共 30 分）

1. 人体触电类型可分为 3 种，分别是单相触电、两相触电和________。

2. 在生产生活中，通常电路由________、________与保护装置和导线组成。

3. 电荷的________移动形成了电流。若 1min 内通过某一导线截面的电荷量是 6C，则通过该导线的电流是________ A。

4. 设 O 点为零电位点，A 点电位为 5V，B 点电位为 3V，C 点电位为 −1V，则 U_{AB} 为________ V，U_{OC} 为________ V。

5. 电动势为 6V，内阻为 2Ω，外接一个 4Ω 的电阻，端电压为________ V。

6. 电容器充电结束后，充电电流为零，这说明电容器具有____________的特性。

7. 电磁感应实验表明，感应电流所产生的磁通总是会________原磁通发生变化。

8. 单相正弦交流电解析式为 $i=\sqrt{2}\sin(100\pi t+300^\circ)$ A，其有效值 $I=$________，周期 $T=$________。

9. RLC 串联电路发生串联谐振时，电路的总阻抗为________，谐振频率 f_0 为___。

10. 对称三相电动势的振幅、频率相同，相位互差________。

二、判断题（每题 1 分，共 10 分）

1. 将一电阻连接在电路中的两点之间，若电阻中无电流通过，则该两点电位一定为零。（　）

2. 由于 $R=\frac{U}{I}$，所以当电压为零时，电阻也为零。（　）

3. 电阻大小会随着温度的变化而变化。（　）

4. 电容器开始充电的一瞬间，电容器两端的电压为零，充电电流最大。（　）

5. 电源开路时的电动势和它的端电压总是大小相等，方向一致。（　）

6. 电容器并联后的等效电容比其中任何一只电容器的容量都大。 （ ）

7. 由仿真可知，纯电感交流电路电流的相位滞后电压相位 90°。 （ ）

8. 线圈自感电动势的大小与流过线圈的电流大小成正比。 （ ）

9. 磁导率远大于 1 的物质称为顺磁性物质。 （ ）

10. 在三相四线制对称负载中，由于中性线电流为零，所以可以省去中性线，将三相四线制变为三相三线制。 （ ）

三、单项选择题（每题 1 分，共 10 分）

1. 在潮湿场所，如矿井、地下室、地道、多导电粉尘及类似场所使用的电气线路、照明灯及其他电器具的安全用电等级是（ ）。

A. 42V　　B. 36V　　C. 24V　　D. 12V

2. 如图 18 所示，U_{AB} 应为（ ）。

A. 20V　　B. −20V　　C. −10V　　D. 10V

3. 如图 19 所示，C 的电位为（ ）。

A. 0V　　B. 7V　　C. 10V　　D. 12V

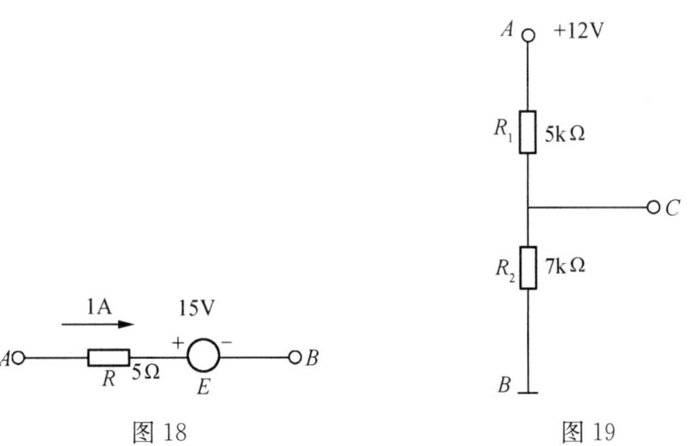

图 18　　图 19

4. 在图 20 中，$R_1=R_2=R_5=10\Omega$，$R_3=R_4=20\Omega$，总电阻 R 为（ ）。

A. 10Ω　　B. 15Ω　　C. 20Ω　　D. 30Ω

5. 电容 C_1 和 C_2 并联，其中 $C_1=2C_2$，则加上电压后 C_1 和 C_2 所带电荷量 Q_1 和 Q_2 之间的关系是（ ）。

A. $Q_1=Q_2$　　B. $Q_1=2Q_2$　　C. $Q_1=\frac{Q_2}{2}$　　D. $2Q_1=Q_2$

6. 两根平行载流导体，在通过的电流方向为同方向时，两根导体将呈现出（　　）。

A. 相互排斥　　B. 相互吸引

C. 无相互作用　　D. 都不正确

7. 如图 21 所示，导体 AB 在匀强磁场中按箭头所指方向运动，其结果是（　　）。

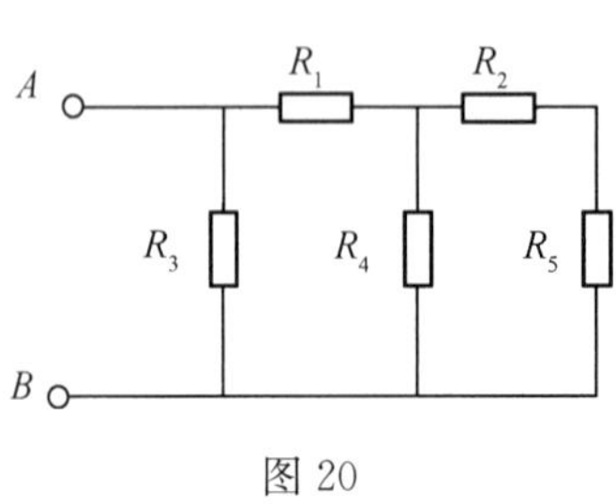

图 20

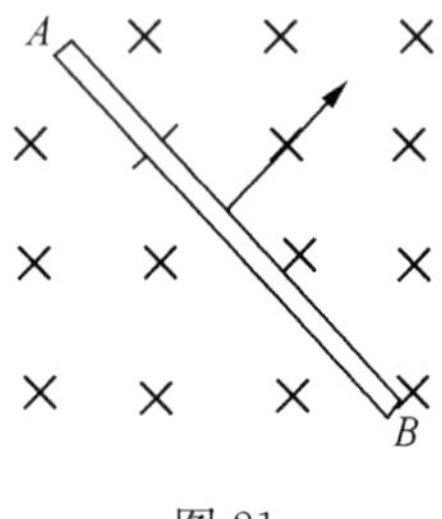

图 21

A. 不产生感应电动势　　B. 有感应电动势，A 高 B 低

C. 有感应电动势，A 低 B 高　　D. 不能确定

8. 两个正弦交流电解析式分别是 $i_1=314\sin(100\pi t-30°)$ A，$i_2=314\sin(100\pi t+60°)$ A，则这两个正弦交流电间的相位关系是（　　）。

A. 反相　　B. 同相　　C. 正交　　D. 无法确定

9. 关于交流电的有效值，下列说法中正确的是（　　）。

A. 最大值是有效值的 2 倍

B. 有效值是最大值的 2 倍

C. 最大值为 311V 的正弦交流电，就热效应而言，等效于一个 220V 的直流电

D. 最大值为 311V 的正弦交流电，可以用 220V 的直流电代替

10. 线圈中自感电动势的方向（　　）。

A. 与原电流方向相反

B. 与原电流方向相同

C. 当原电流增加时，自感电动势的方向与原电流方向相反；当原电流减小时，自感电动势的方向与原电流方向相同

D. 不能确定

四、简答题(5 分)

简述生产生活中人体触电的常见原因及现场处理方法。

五、计算题(第 1 题 10 分,第 2 题 15 分,第 3 题 20 分,共 45 分)

1. 电路如图 22 所示,$U_s=12V$,$R_1=3k\Omega$,$R_2=6k\Omega$,在下列 3 种情况下,分别求电压 U_2 和电流 I_2、I_1。

(1) $R_3=6k\Omega$;

(2) $R_3=\infty$;

(3) $R_3=0$。

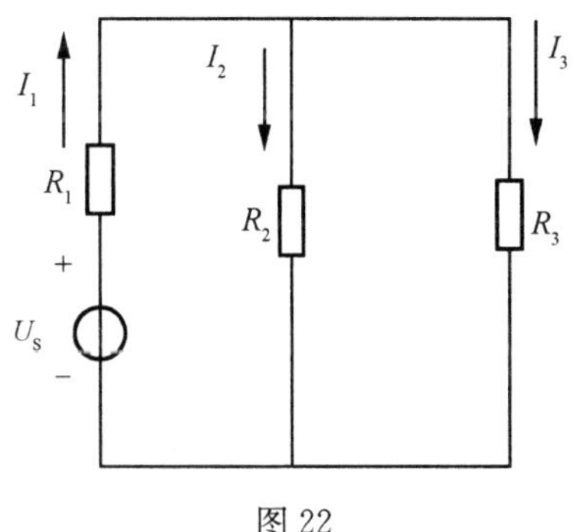

图 22

2. 如图 23 所示电路，已知 $R_1=5\Omega$，$R_2=10\Omega$，$R_3=15\Omega$，$E_1=180\text{V}$，$E_2=80\text{V}$，求各支路中的电流。(参考方向如图)

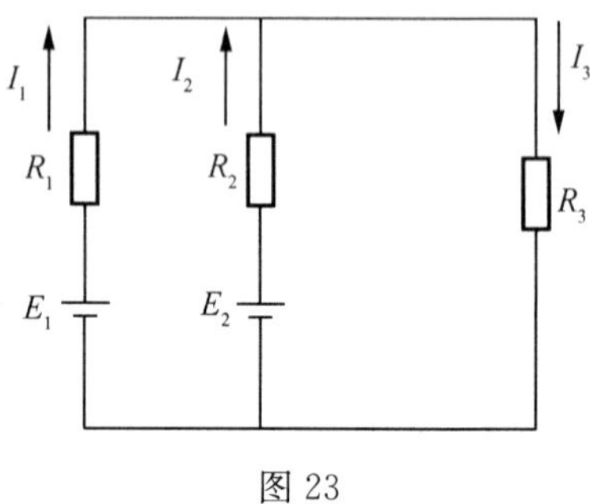

图 23

3. 一只电阻 $R=30\Omega$、电感量 $L=127\text{mH}$ 的线圈和一个电容量 $C=40\mu\text{F}$ 的电容器串联后，接在 $u=50\sqrt{2}\sin(100\pi t+30^\circ)\text{V}$ 的电源上。求：

(1) 电路的感抗、容抗和总阻抗；

(2) 电流的有效值和瞬时值表达式；

(3) 画出电压、电流的相量图；

(4) 电路的有功功率、无功功率、视在功率和功率因数。

全书检测题七

（满分 100 分，测试时间 90 分钟）

一、填空题（每题 3 分，共 33 分）

1. 电阻 R_1 和 R_2 并联使用时，其功率比 $P_1 : P_2 = 2 : 3$，若将 R_1 和 R_2 串联使用，则其功率比 $P_1' : P_2' =$________。

2. 已知电流表内阻 $R_g = 100\Omega$，量程为 1mA，若要将它改装成一只量程是 5V 的电压表，则需一个阻值为________的分压电阻。

3. 如图 24 所示电路，$I =$________。

4. 40W 电灯两盏，100W 电视机一台，平均每天使用 3h，如果按每月 30 天、电价每度 0.40 元计算，每月电费为________元。

5. 如图 25 所示，在磁场中的导体当通入图中的电流（从纸面指向外）时，导体受安培力的方向是________。

6. 在图 26 所示的电阻混联电路中，$R_{ab} =$__________。

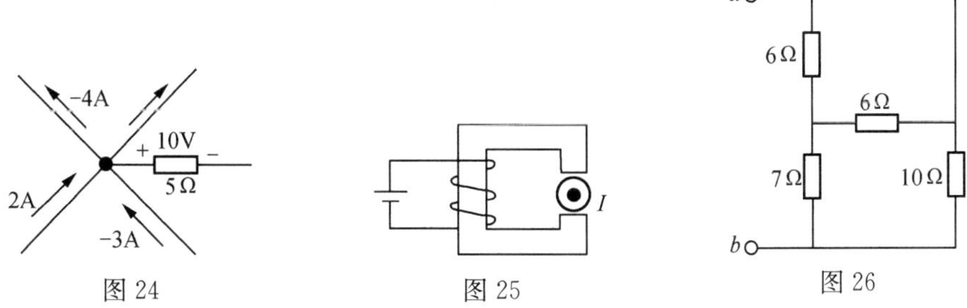

图 24　　图 25　　图 26

7. 两个电容器，$2C_1 = 3C_2$，串联后接在 160V 的电源上，C_1 两端的电压为________。

8. 已知交流电压的解析式 $u = 100\sin(100\pi t + 60°)$V，当它加在 $R = 10\Omega$ 的电阻上时，电阻上消耗的功率是________。

9. 某对称负载，其每相阻抗为 10Ω，负载连成三角形，接于线电压为 380V 的三相电源中，则线电流为________。

10. 使用 500 型万用表进行电阻测量，选择挡位后进行欧姆校零，测量时指针停留在图 27 所示位置，请问所测电阻大小为________。

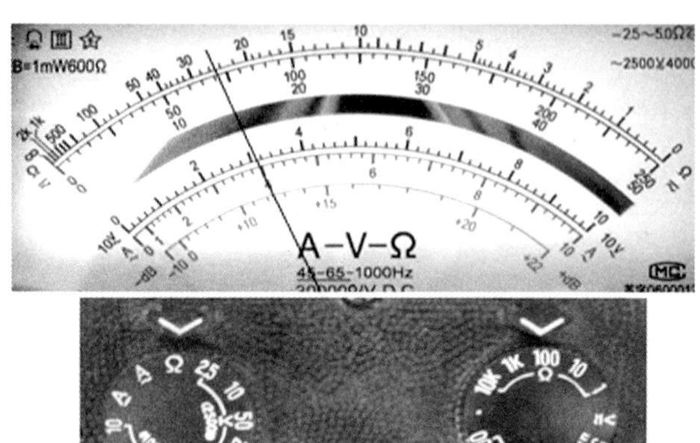

图 27

11. 使用一示波器测量某一正弦信号，测量方法正确，探头衰减开关拨至“×10”位置，扫描旋钮拨至“50ms/DIV”，Y 增益打在“2V/DIV”，请问：

（1）该信号的电压峰-峰值为________，电压有效值为________（图 28）。

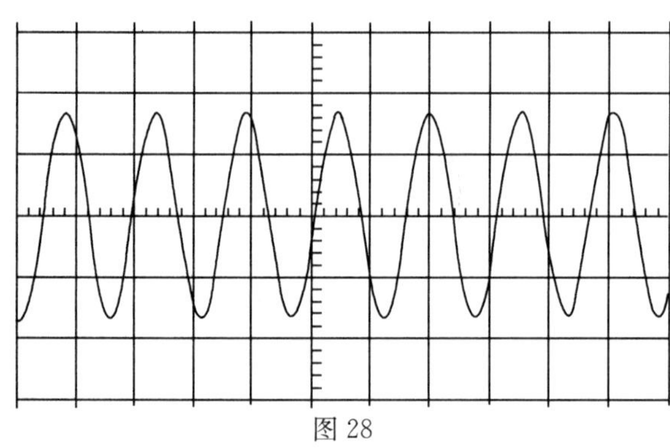

图 28

（2）该信号的频率为________。

二、判断题（每题 2 分，共 12 分）

1. 两个 110V/60W 的白炽灯串联后接在 220V 的电源上能正常工作。（　）

2. 两个 10μF 的电容器，耐压分别为 10V 和 20V，则串联后总的耐压值为 20V。（　）

3. 闭合电路中的一部分直导线在匀强磁场中运动，一定会产生感应电流。（　）

4. 正弦交流电的有效值除与最大值有关外，还与它的初相位有关。（　）

5. 无论交流电路的形式怎样，当 $X_C > X_L$ 时，电路都呈电容性。（　）

6. 目前我国低压三相四线制供电线路供给用户的线电压是 220V。（　）

三、单项选择题(每题 3 分,共 30 分)

1. 通过一个电阻的电流是 5A,经过 4min,通过该电阻的一个截面的电荷量是(　　)。

A. 20C　　B. 50C

C. 1200C　　D. 2000C

2. 如图 29 所示电路中,开关 S 闭合后,电流源提供的功率将(　　)。

A. 不变　　B. 变小

C. 变大　　D. 为 0

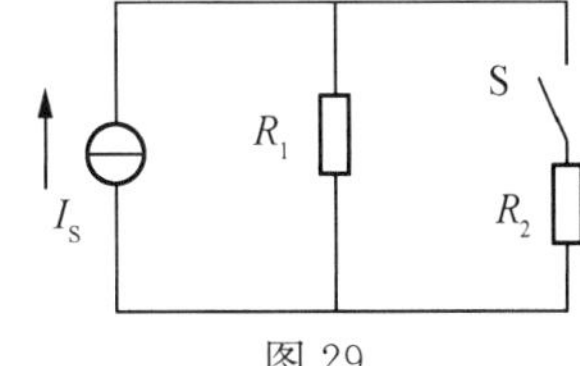

图 29

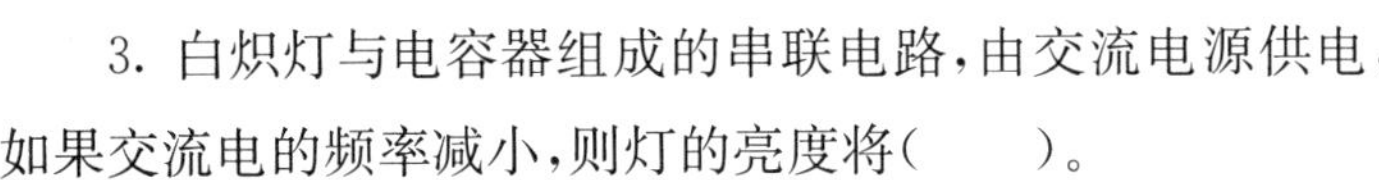

3. 白炽灯与电容器组成的串联电路,由交流电源供电,如果交流电的频率减小,则灯的亮度将(　　)。

A. 变亮　　B. 变暗

C. 不变　　D. 不知电容器容量,不能确定

4. 如图 30 所示电路,要使 R_L 上有最大输出功率,R_L 的值应为(　　)。

A. 9Ω　　B. 7.5Ω　　C. 5Ω　　D. 2Ω

5. 如图 31 所示电路,A 点电位为(　　)。

A. 6V　　B. 8V　　C. −2V　　D. 10V

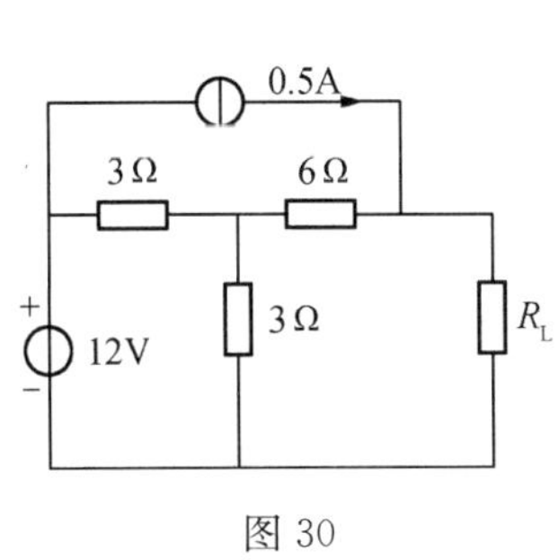

图 30

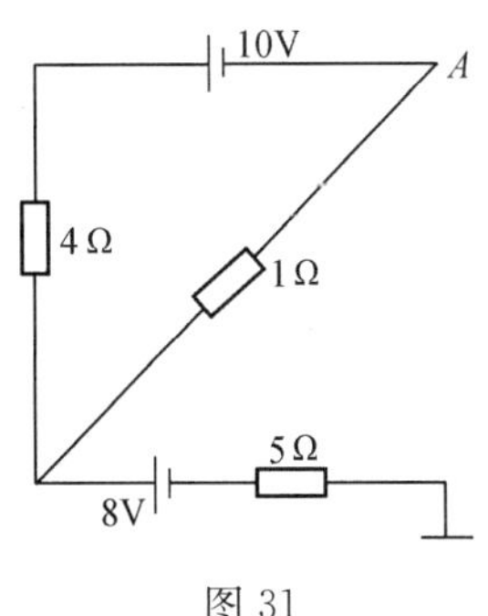

图 31

6. 某正弦交流电流的初相角为$-\frac{\pi}{4}$,在 $t=0$ 时,其瞬时值(　　)。

A. 等于零　　B. 小于零　　C. 大于零　　D. 不能确定

7. 已知 单 元件交流电路中,$i=5\sin(100t)$ A,$u-10\sin\left(100t+\frac{\pi}{2}\right)$ V,则此元件为(　　)。

A. 0.02H 的电感　　B. 0.02F 的电容

C. 2H 的电感　　　　　　　　　　D. 2F 的电容

8. 在三相四线制线路上，连接 3 个相同的白炽灯，它们都正常发光，如果中性线断开且又有一相断路，则未断路的其他两相中灯（　　）。

A. 将变暗　　　　　　　　　　　B. 因过亮而烧毁

C. 仍能正常工作　　　　　　　　D. 立即熄灭

9. 在 RLC 串联电路发生谐振时，下列说法中正确的是（　　）。

A. 品质因数 Q 值越大，电路消耗的能量越大

B. 端电压是电容两端电压的 Q 倍

C. 电路的电抗为零

D. 总阻抗最大，总电流最小

10. 在（　　）时需要调节示波器上的“触发”旋钮。

A. 屏上的波形不够明亮　　　　　B. 屏上的波形不够稳定

C. 屏上的波形压缩得太紧　　　　D. 屏上的波形过高或过低

四、计算题（第 1～3 题各 6 分，第 4 题 7 分，共 25 分）

1. 在图 32 中，当把开关 S 拨向 a 端时，灯泡能正常工作，当把 S 拨向 b 端时，灯泡的功率是其额定功率的$\frac{1}{4}$，R_2 所消耗的功率为 40W，已知 $R_1=6\Omega$，$R_2=32\Omega$，求灯泡的额定功率。

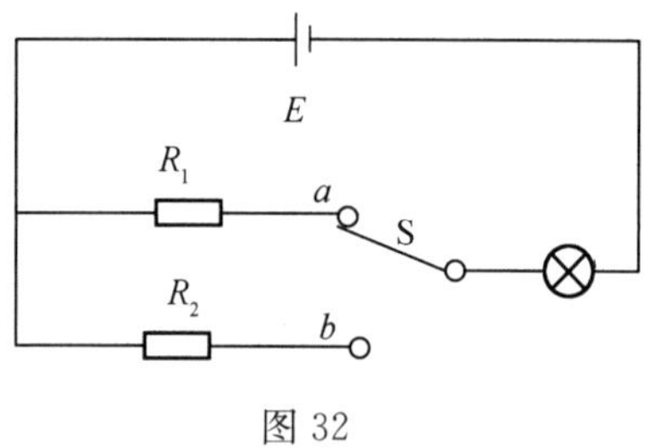

图 32

2. 如图 33 所示电路，求 U_{ab} 的值。

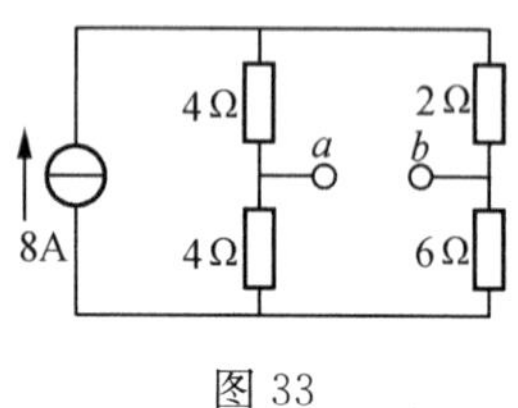

图 33

3. 如图 34 所示电路，电流表内阻 $R_g=600\Omega$，满偏电流 $I_g=400\mu A$，$R_1=400\Omega$，$R_2=760\Omega$，求：①当开关 S 断开时，改装表的量程；②当开关 S 闭合时，改装表的量程。

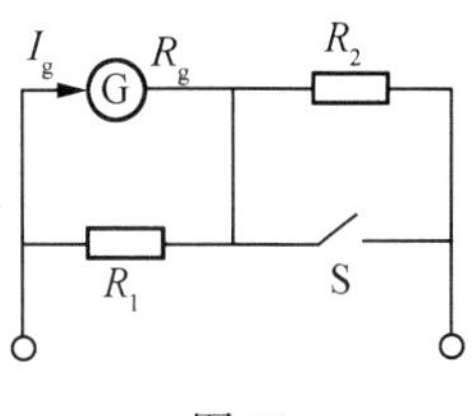

图 34

4. 图 35 所示为测定线圈参数 R、L 的实验电路，由实验测得电源频率为 50Hz，电压为 110V，流过线圈的电流 I 为 5A，线圈消耗的有功功率 P 为 400W，计算线圈的电阻 R 和电感 L。

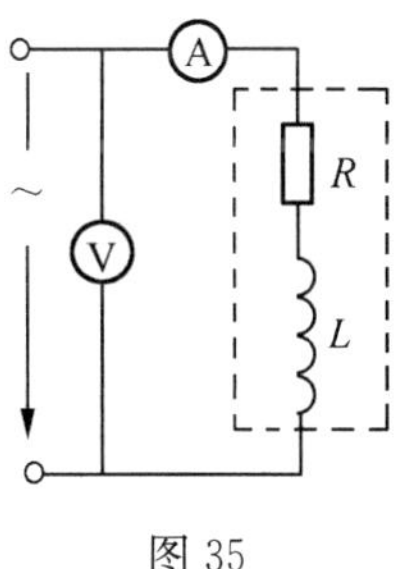

图 35

全书检测题八

（满分 100 分，测试时间 90 分钟）

一、填空题（每空 3 分，共 33 分）

1. 一平行板电容器两极间距离 $d=0.1\text{mm}$，经充电后电场强度 $E=10^4\text{N/C}$，则电容器两端的电压 $U=$________ V。

2. 有一量程为 10mA、内阻为 10Ω 的毫安表，若把它改成量程为 10V 的伏特表，则应串联________ Ω 的电阻。

3. 某晶体管收音机功放级的最佳负载阻抗为 288Ω，若用它驱动阻抗为 8Ω 的扬声器，则匹配变压器的匝数比 $n=$________。

4. 有一包括电源和外电路电阻的简单闭合电路，当外电阻加倍时，通过的电流减为原来的 2/3，那么外电阻与电源内阻之比为________。

5. 有一个电阻不计的电感线圈，电感量为 10mH，将它接到 $u=220\sqrt{2}\sin 314t$ 的交流电源上，则线圈中流过的电流最大值是________。

6. 如图 36 所示电路中，R_L 为负载电阻，为使 R_L 从电源处获得最大功率，此时 $R_L=$__________。

7. 如图 37 所示电路中，流过 4Ω 电阻的电流 $I=12\text{A}$，则 AB 两点间的电位差为__________。

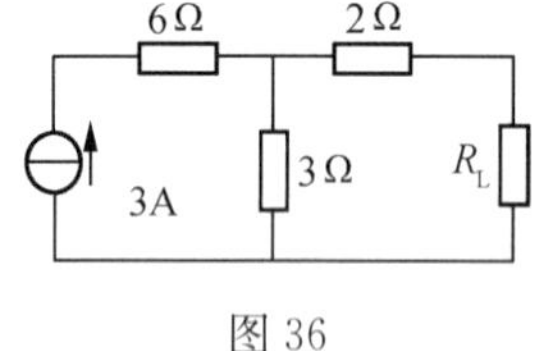

图 36

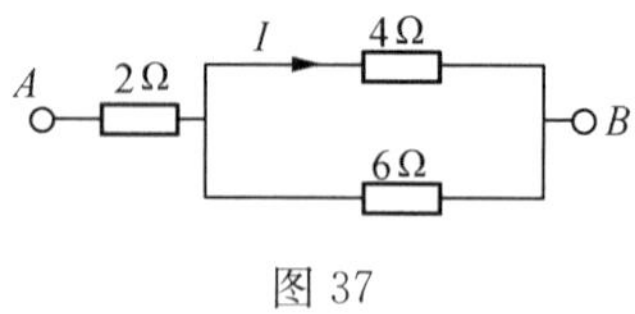

图 37

8. 有一三相对称负载。每相负载的额定电压为 220V，当三相电源的线电压为 380V 时，负载应为________联结。

9. RLC 串联电路中的电阻 $R=14.1\Omega$，电感 $L=0.1\text{H}$，电容 $C=0.05\mu\text{F}$，则电路的品质因数 $Q=$________。

10. 4 根 220V/200W 的电阻丝，在同一电压下并联使用所消耗的功率等于它们串联

使用时所消耗的功率的________倍。

11. 示波器显示图像偏暗应调节________旋钮。

二、单项选择题(每题 3 分,共 27 分)

1. 在图 38 所示电路中,ab 支路的端电压 $U_{ab}=8V$,则支路中的电流 $I=$(　　)。

A. 1A　　B. $-1A$　　C. 3A　　D. $-3A$

2. 如图 39 所示电路,已知每个电源的电动势均为 E,电源内阻不计,每个电阻均为 R,那么电压表的读数为(　　)。

A. $-E$　　B. $2E$　　C. 0　　D. $-2E$

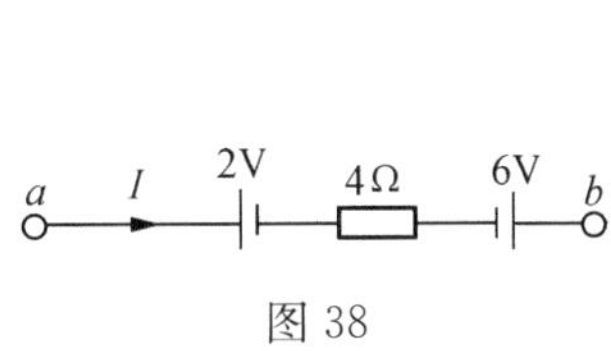

图 38

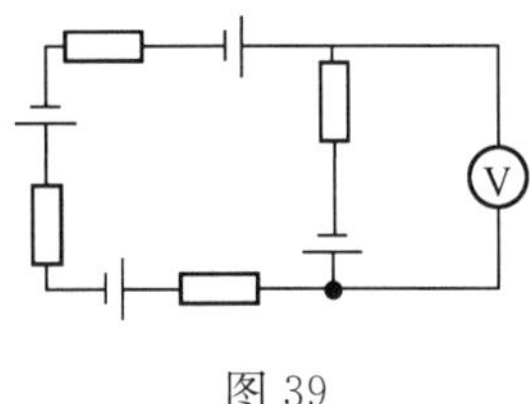

图 39

3. 如图 40 所示电路,电容器 $C_1=30\mu F$,充有电压 $V_1=5V$;电容器 $C_2=10\mu F$,充有电压 $V_2=5V$,现将 S 接通,则 A 点电位比 B 点电位高(　　)。

A. 10V　　B. 5V　　C. 2.5V　　D. 1V

4. 如图 41 所示,有一长直导线中通以电流 I,线框 $abcd$ 在纸面内向右平移,那么线框内将(　　)。

A. 没有感应电流产生

B. 有感应电流产生,方向是 $abcda$

C. 有感应电流产生,方向是 $adcba$

D. 以上说法都不对

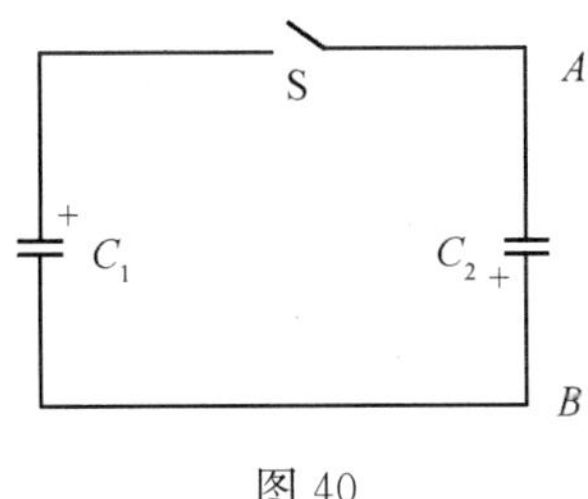

图 40

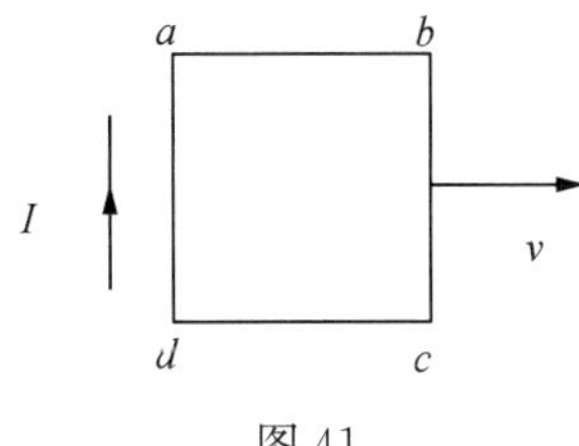

图 41

5. 当磁铁从线圈中取出时，线圈中感应电流所产生的磁场方向(　　)。

A. 与磁铁的磁通方向相同　　B. 与磁铁的磁通方向相反

C. 与磁铁的运动方向相同　　D. 以上说法都不对

6. 如图 42 所示电路，A 点电位是(　　)。

A. −25V　　B. −15V

C. 25V　　D. 15V

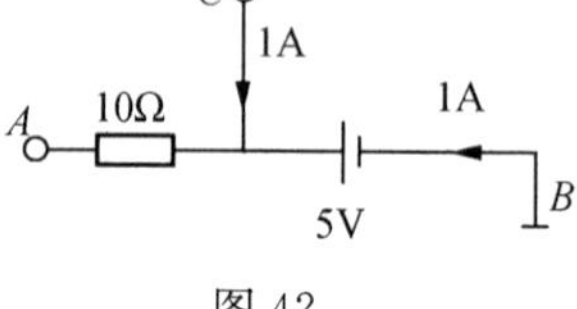

图 42

7. 信号源的内阻抗为 128Ω，负载阻抗为 8Ω，使负载获得最大功率的匹配变压器的变比为(　　)。

A. 16∶1　　B. 4∶1

C. 8∶1　　D. 10∶1

8. 两个相同电容器并联之后的等效电容跟它们串联之后的等效电容之比是(　　)。

A. 2∶1　　B. 1∶4　　C. 4∶1　　D. 5∶1

9. 调节示波器上标示为“◁ ▷”的旋钮可以改变波形的(　　)。

A. 水平位置　　B. 竖直位置　　C. 疏密　　D. 相位

三、计算题(第 1 题 10 分，第 2 题 6 分，共 16 分)

1. 如图 43 所示，电路中的 $E=10\text{V}$，$R_1=2\Omega$，$R_2=4\Omega$，$R_3=1\Omega$，$R_4=R_5=6\Omega$，$R_6=2\Omega$，求电路中 a、b、c 三点的电位 V_a、V_b、V_c。

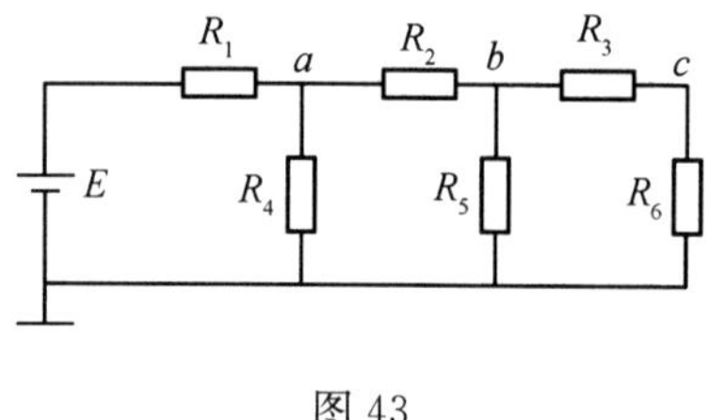

图 43

2. 求图 44 中的电压 U_{AB}。

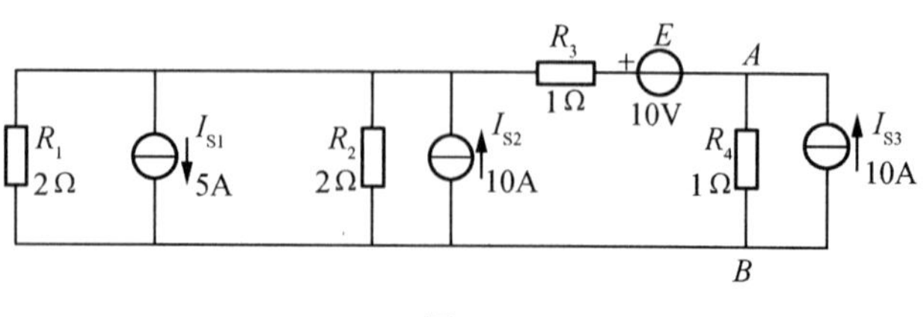

图 44

四、综合题(第 1 题 15 分,第 2 题 9 分,共 24 分)

1. 如图 45 所示电路中,$E_1=4V$,$E_2=2V$,$E_3=6V$,$R_1=4\Omega$,$R_2=2\Omega$,$R_3=3\Omega$。

(1) 求 R_1、R_2 和 R_3 中的电流 I_1、I_2 和 I_3;

(2) 若 B 点接地,计算 A 点电位 V_A。

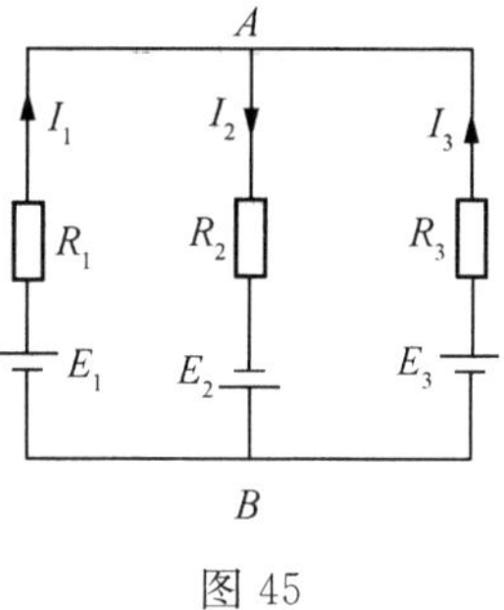

图 45

2. 如图 46 所示电路,已知外电阻 $R_1=12\Omega$,$R_2=4\Omega$,$R_3=24\Omega$,$R_4=8\Omega$,4 个相同电池组成串联电池组,每个电池的内阻 $r=0.25\Omega$,试求:

(1) 当开关 S 断开时,伏特表的读数为 5.4V,求每个电池的电动势 E 和安培表的读数;

(2) 当开关 S 闭合时,安培表的读数为多大? R_1、R_2 上消耗的功率之比是多少?

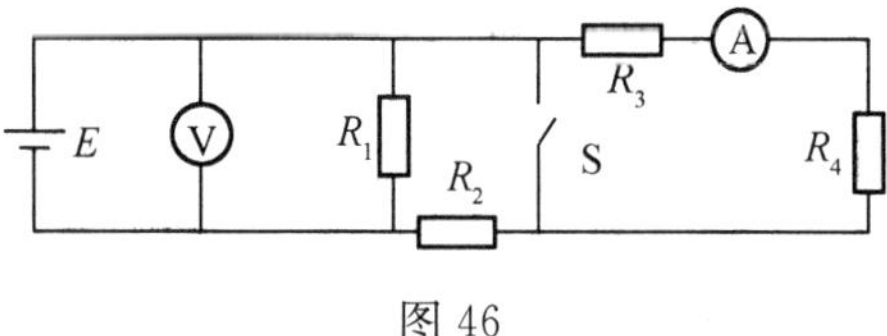

图 46

参考答案

单元1 课程导入准备

练习题

一、填空题

1. 用于旋动螺钉　用于剪切导线、金属丝;剥导线绝缘层;起拔螺钉等
2. 电压　电流　电阻
3. 不　交
4. 波形
5. 接地　接零
6. 42　36　24　12
7. 单相　两相　跨步
8. 间距　绝缘　屏护　自动断电
9. 金属外壳　金属构架
10. 人体
11. 保护接地线　人体
12. 4
13. 保护接零
14. 准备　吹气　换气　重复
15. 准备　下压　放松　重复

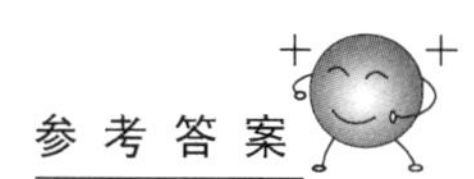

16. 口对口人工呼吸　胸外心脏压挤

17. 14～16　5

18. 胸骨以下横向 1/2 处

二、判断题

1. ×　2. √　3. √　4. ×　5. √　6. √　7. √　8. ×　9. ×　10. √　11. √　12. ×　13. √　14. ×　15. √　16. √

三、单项选择题

1. B　2. C　3. A　4. C　5. D　6. B　7. B　8. A　9. C　10. B　11. A　12. C　13. A

四、简答题

1. 答:①要有经验的电工或实训老师监护;②用绝缘板隔离;③用绝缘工具并穿好防护服。

2. 答:

安全电压	适用场所
42V	在有触电危险的场所使用的移动家用电器、手持式电动工具等
36V	潮湿场所,如矿井、地下室、地道、多导电粉尘及类似场所使用的电气线路照明灯及其他用电器具
24V	工作面积狭窄,操作者易大面积接触带电体的场所,如锅炉、金属容器内、大型金属管道内
12V	因工作需要,人体必须长时间带电触及电气线路或设备的场所

3. 答:凡是有金属外壳和其他绝缘外壳的电器,都采用了屏护措施,如微波炉、电磁炉、电风扇、电视机等的外壳。

4. 答:如果不拔去电源插头,一旦电器的绝缘损坏,有可能使电器外壳带电,人体接触时,就可能造成触电。

5. 答:将电动机的金属外壳用导线与大地做可靠的电气连接。如果这台电动机绝缘损坏使金属外壳带电,当人体接触它时,金属外壳与大地之间将形成两条并联电流通路:一条通过保护接地线将电流泄放到大地,另一条通过人体将电流泄放到大地。在这两条并联电路中,只有保护接地线电阻最小,通常只有 4Ω 左右,而人体电阻最小也在 500Ω 以上。根据并联电路中电流与电阻成反比的原理,人体所通过的电流就大大小于通过保护接地线的电流,这时人体就没有触电的感觉。再则,由于保护接地线电阻太小,对电动机与大地之间接近于短路,所以将有大电流通过保护接地线,这种大电流将会使电路中的保护设备动作,自动切断电路,同时保护了人身和设备的安全。

6. 答：①保护接地适用于中性点不接地的高、低压供电系统，保护接零适用于中性点接地的低压供用电系统；②线路连接不同，保护接地的接地线直接与接地系统相连，保护接零则直接与电网的中性线连接，再通过中性线接地；③保护接地要求每个电器都要接地，而保护接零只要求三相四线制系统的中性点接地。

7. 答：一个符合要求的接地系统无论在技术上还是投资上，都不是一个家庭和一个小单位能承受的，所以都采用技术上比较简单的保护接零措施，可以达到一样的效果。

8. 答：

(1) 预备：撬开牙关，清除口腔内的杂物和假牙，如果舌头后缩，应拉出舌头，使头部尽量后仰。

(2) 吹气：一手捏住鼻孔，以防气流从鼻孔漏出。使触电者头部尽量后仰，救护者站在一侧深呼吸后，贴紧触电者口部(中间也可隔一层纱布)大力吹气，使空气进入肺部，观察其胸部隆起情况。

(3) 换气：救护者换气时，应放开触电者口部，松开鼻孔，让其自然排气。

(4) 重复：反复重复(2)和(3)的动作，直至触电者呼吸自然恢复。

9. 答：口对口人工呼吸法适用于触电者呼吸微弱、不规则或完全停止的情况；胸外心脏压挤法适用于触电者心跳微弱、不规则或完全停止的情况。

检　测　题

一、填空题

1. 保护接地线　人体

2. 供电系统中性线

3. 都属于用来保护电气设备金属外壳带电而采取的保护措施　适用的电气设备基本相同　都要求有一个良好的接地装置

4. 中性点不接地的高、低压　380V/220V 中性点接地的低压

5. 二氧化碳　干粉

6. 14～16　5

7. 口对口人工呼吸　胸外心脏压挤

8. 负荷开关　隔离开关

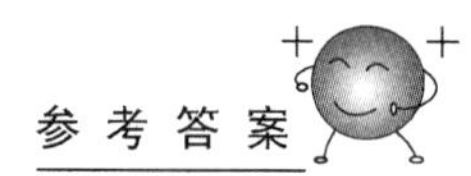

二、判断题

1.× 2.√ 3.√ 4.× 5.× 6.√ 7.√

三、单项选择题

1.B 2.A 3.D 4.C 5.B 6.B

四、简答题

答:相同点:①都属于用来保护电气设备金属外壳带电而采取的保护措施;②适用的电气设备基本相同;③都要求有一个良好的接地装置。

区别:①保护接地适用于中性点不接地的高、低压供电系统,保护接零适用于中性点接地的低压供用电系统。②线路连接不同,保护接地的接地线直接与接地系统相连;保护接零则直接与电网的中性线连接,再通过中性线接地。③保护接地要求每个电器都要接地,而保护接零只要求三相四线制系统的中性点接地。

单元2 直流电路

练习题

一、填空题

1. 电源 负载 控制保护设备 导线
2. 电路模型
3.

物理量	符号	单位名称	单位符号	物理量	符号	单位名称	单位符号
电流	I	安	A	电阻	R	欧	Ω
电压	U	伏	V	电能	W	千瓦时	kW·h
电位	V	伏	V	电功率	P	瓦	W
电动势	E	伏	V				

4. 正电荷 正极 负极 电源 负极 正极
5. 0.45A 484Ω
6. 参考方向 相同
7. 其他形式的 电 电 其他形式的
8. 负 正 正 负
9. 电能
10. 电源电动势

11. 电流　正

12. 电压　反

13. $3R$　$\frac{1}{3}R$　$1.5R$　$\frac{2}{3}R$

14. 串　并

15. 8　8

16. 1∶1　2∶1　2∶1

17. 3　2　1

18. 3　5　6　3

19. 直流电压　50

20. 11.6

二、判断题

1. ×　2. ×　3. √　4. ×　5. √　6. ×　7. ×　8. ×　9. √　10. ×　11. ×　12. √　13. ×　14. ×　15. ×　16. √　17. √　18. √　19. ×　20. √

三、单项选择题

1. B　2. A　3. B　4. B　5. B　6. D　7. D　8. C　9. D　10. B　11. C　12. B　13. D　14. A　15. A　16. B　17. B　18. C　19. A　20. B　21. C　22. B　23. B　24. D　25. A

四、作图题

1. 答：(略)。

2. 答：(略)。

3. 答：色环依次是橙蓝橙金。

五、简答题

1. 答：电池中含有大量有毒有害物质，乱扔会污染环境，危害健康，在火中会强烈爆炸，危及人类安全。所以不能乱扔，应深埋于土层中。

2. 答：机械调零，是用小号螺丝刀调整万用表面板中部(表盘下方正中)的机械调零旋钮。在万用表不工作时，表针停留在机械零位。

电阻调零，即直接用手旋动面板右侧中部(表盘的右下方)的电阻调零旋钮，在两支表笔短路状态下，表针停留在电阻零位。

3. 答：指该灯泡电压和功率的额定值(也是它的有效值)。它的含义是灯泡额定电压为220V，额定功率为100W。

4. 答:扩大电压表的量程,是在表头上串联阻值恰当的分压电阻,使其分去被测电路或设备的大部分电压,使表头线圈只承受很低的电压,而在仪表刻度盘上则表明的是被测电路或设备的实际电压值。

扩大电流表的量程,是在表头上并联阻值恰当的分流电阻,使其分去被测电路或设备的大部分电流,使表头线圈只承受很小的电流,而在仪表刻度盘上则表明的是被测电路或设备的实际电流值。

5. 答:这两个公式各自使用的前提条件不同。当负载电流一定(如串联电路中的功率分配),可用 $P=I^2R$ 分析,P 与 R 成正比;如果负载两端的电压一定(如并联电路中的功率分配),可用 $P=U^2/R$ 来分析,P 与 R 成反比。当电源电压一定时,负载电阻越大,从 $P=U^2/R$ 可以直接看出,功率会越小。

*6. 答:检查兆欧表是否可用分两步。第一,将两引出线端的鳄鱼夹短接,轻摇手柄,表针应迅速指零;第二,将两鳄鱼夹分开,迅速摇动手柄,逐步达到 120r/min,表针应指向∞。达不到上述要求,该兆欧表不可用。测电动机绕组的绝缘电阻时,将兆欧表的 L 接线端接电动机绕组,E 接线端接机壳,摇动手柄,使其转速逐步达到 120r/min,仪表所示电阻值大于 0.5MΩ 为正常。

*7. 答:在面板左边的 4 个接线柱中,C_1、C_2 为电流端钮,P_1、P_2 为电压端钮,测量时先用粗铜线或铜片分别将 C_1P_1 和 C_2P_2 连通,再将被测电阻接于 P_1、P_2 之间。

8. 答:选用导线时须满足如下 3 个条件:①导线的允许载流量应大于负载电流峰值;②导线的额定电压应高于线路和设备峰值电压;③有足够的机械强度。

9. 答:①将去除绝缘层和氧化层的芯线两股交叉,互相在对方绞合 2~3 圈;②将两线头自由端扳直,每根自由端在对方芯线上缠绕,缠绕长度为芯线直径的 6~8 倍,这就是常见的绞接法;③剪去多余线头,修整毛刺。

10. 答:主电路正常,灯泡不亮,故障在灯泡所在支路,一般是开路或接触不良。该故障的检查方法较多,其中较快的是用万用表电阻挡在停电状态下,先检测支路接头的两端,电阻应该是∞,然后一支表笔不动,另一支表笔依次检查电路中的可疑点。如果在某一点发现电阻值从∞突然变到一定值,说明两表笔之间电路正常,故障点在电阻值从∞到有确定值之间的电路上。

11. 答:电工技术中,用于包扎线头的绝缘材料常用黄蜡带、涤纶薄膜带、黑胶带等。一般选用宽度为 20mm 的绝缘带。常用薄膜带、黑胶带在包缠时要求从线头一边距切口的 40mm 处开始,使黄蜡带与导线间保持 55°的倾斜角,后一圈压在前一圈 1/2 的宽度上。在恢复 380V 线路上的绝缘层时,应该先包缠 1~2 层黄蜡带,再包一层涤纶薄膜带或黑胶带;在恢复 220V 线路上的绝缘层时，只包一层黄蜡带，再包 1～2 层涤纶薄膜带或黑胶带。

12. 答：(1)用万用表测量电流时，必须将其串联入被测电路，将量程拨到合适挡位。测交流电压时，表笔不分极性；测直流电流时，红表笔接被测电路高电位端，黑表笔接低电位端；测电压时，除了仪表与被测电路并联外，其余与测电流相似。

(2)为了提高测量的准确性，在测量前对被测电路必须完全放电，然后将表笔与被测电阻两端并联即可测量。

六、计算题

1. 答：0.7Ω。

2. 答：197kΩ。

3. 答：8.03Ω。

4. 答：这 3 只电阻可以 3 只串联、3 只并联、2 只并联后再与另 1 只串联和 2 只串联后与另 1 只并联。图自行绘制。

5. 答：20A，选用 25A 电源。

6. 答：①1874W；②62W；③1936W。

7. 答：12.5mA，不能。

*8. 答：3Ω。

9. 答：30mA，6mA，24mA。

10. 答：20W。

11. 答：3A，2A，1A。

12. 答：72kW·h。

七、实践题

答：(略)。

检　测　题

一、填空题

1. 电源　负载　控制保护设备　导线

2. 其他形式的　电　电　其他形式的

3. 有自由运动的带电粒子　电路两端有电压

4. 正电荷　相反　电子

5. 4.7　10%

6. 电能

二、判断题

1. × 2. √ 3. × 4. √ 5. × 6. × 7. √ 8. √ 9. √ 10. ×

三、单项选择题

1. B 2. C 3. A 4. B 5. C 6. D

四、作图题

1.(略)。

2.(略)。

五、简答题

1. 答:将兆欧表的 L 接线端接电动机绕组,E 接线端接机壳,摇动手柄,使其转速逐步达到 120r/min,仪表所示电阻值大于 0.5MΩ 为正常。

2. 答:扩大电流表的量程,是在表头上并联阻值恰当的分流电阻,使其分去被测电路或设备的大部分电流,使表头线圈只承受很小的电流,而在仪表刻度盘则表明的是被测电路或设备的实际电流值。

六、计算题

1. 答:等效电阻 12Ω,通过 R_2 的电流为 0.67A,R_2 两端电压为 2V,所消耗的功率为 2.1W。

2. 答:10A,−5A,5A。

单元 3　电容与电感

练　习　题

一、填空题

1. 电容器

2. 0.1F　0.2C

3. 并　电容量

4. 储能　电容量

5. 端电压　隔直

6. 1ms

7. 换路定律

8. 1A　0A

9. 安培定则

10. 磁体　磁感线

11. 顺磁物质　反磁物质　铁磁物质

12. 起始磁化曲线

13. 软磁材料　矩磁材料　硬磁材料

14. 磁性材料对磁通的阻碍　磁阻

15. 磁阻很小的

16. 感应电动势　感应电动势

17. 阻碍　阻碍　突变

18. 涡流　涡流的热效应

19. 同名端

20. 阻抗变换　$Z_1 = K^2 Z_L$

二、判断题

1. ×　2. ×　3. √　4. ×　5. √　6. √　7. √　8. √　9. ×　10. ×　11. ×　12. √　13. √　14. √　15. √　16. √　17. √　18. √　19. √　20. ×

三、单项选择题

1. A　2. C　3. D　4. D　5. D　6. D　7. B　8. D　9. B　10. C　11. D　12. A　13. D　14. C　15. C　16. C　17. A　18. A　19. B　20. A　21. C　22. C　23. B　24. C

四、简答题

1. 答：电容量小的电容器的端电压高。电容量大的电容器所带的电荷量多。

2. 答：不能，因为有效值为 220V 的交流电压，其最大值约为 311V。

3. 答：不能，因为电容器的电容量由本身属性决定，跟外加的电压无关，也不会受所带电荷量影响。

4. 答：不安全；电源电压为 250V 时才安全；在安全工作电压下，C_1 分压 150V，C_2 分压 100V。

5. 答：磁感应强度 B、磁通 Φ 不相同，磁场强度 H 相同，因为这 3 个物理量中，只有磁场强度 H 与介质的磁导率无关。

6. 答：S 闭合瞬间，HL_1 和 HL_2 开始亮度基本相同，而后 HL_2 逐渐变亮，而 HL_1 逐渐变暗直至熄灭；S 断开瞬间，HL_2 立即熄灭，HL_1 闪亮一下后逐渐熄灭。

五、作图题

1. 答：

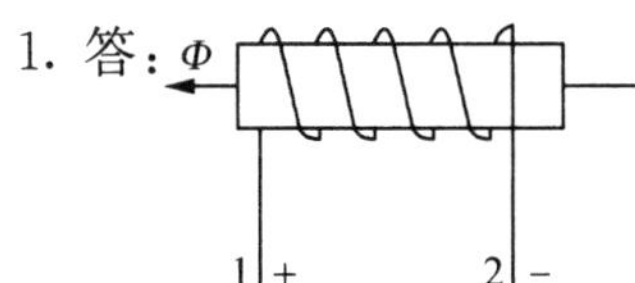

2. 答：

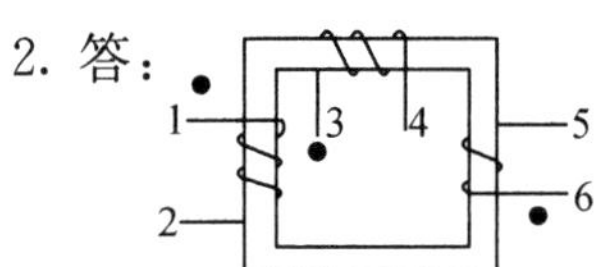

3. 答：

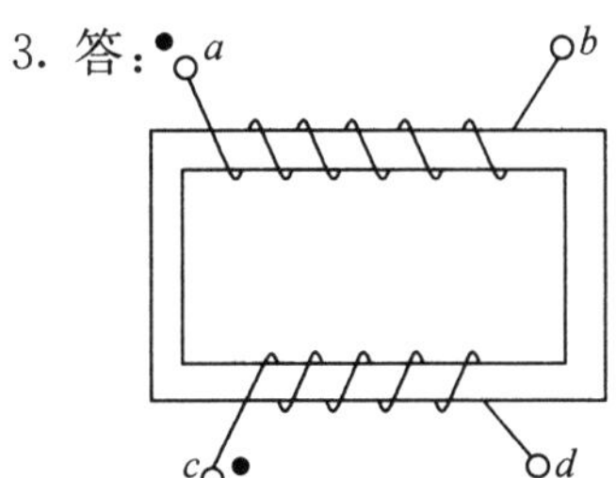

4. 答：

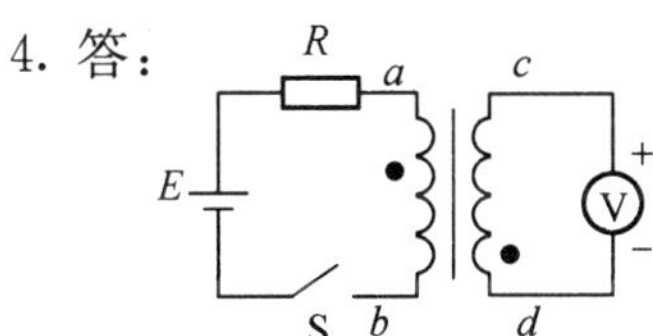

5. 答：

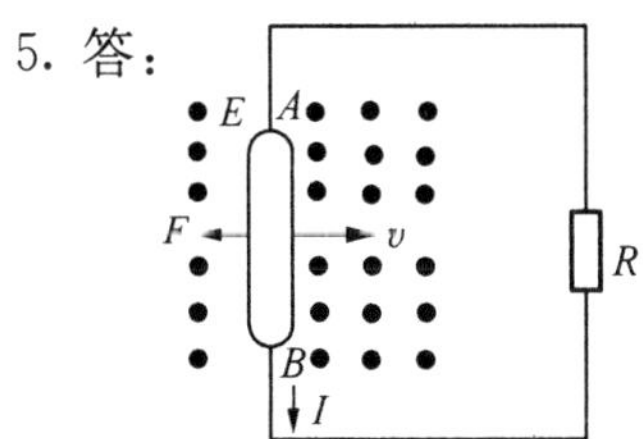

6. 答：

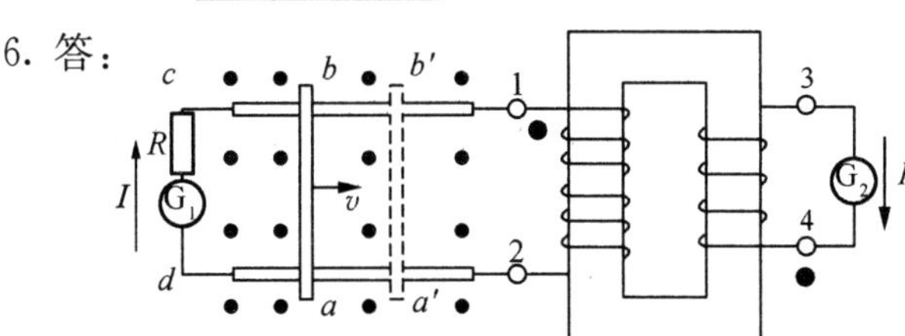

7. 答：

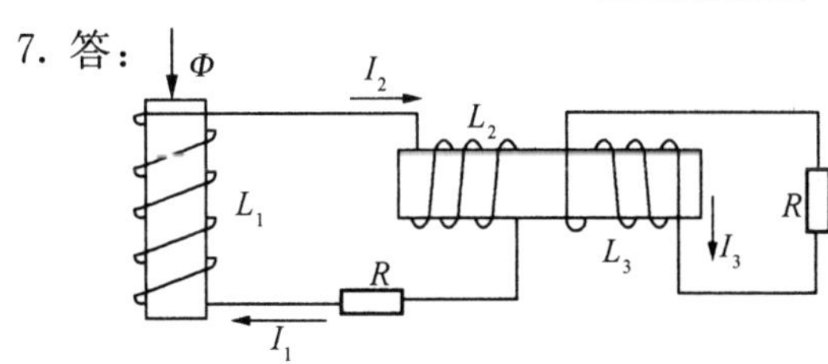

六、计算题

1. 答：$U_{R1}=3V, Q_{C1}=Q_{C2}=2\times10^{-6}C, U_{C1}=1V, U_{C2}=2V$。

2. 答：$C=0.75\mu F, U=250V$。

3. 答：$Q_2=8\times10^{-6}C, Q_3=14\times10^{-6}C$。

4. 答：电流方向为 $B\rightarrow A$，下落速度为0.8m/s。

5. 答：20V。

6. 答：(1) $E_{AB}=4V, E_{CD}=3.2V$；(2) $I=2A$；(3) $P=14.4W$；(4) $P_{AB}=8W, P_{CD}=6.4W$。

7. 答：10。

七、实践题

答：(略)。

检测题 1

一、填空题

1. 0.1F　0.2C
2. 串
3. 端电压
4. 电场
5. 1A　0V
6. 高导磁材料
7. 磁感线　越大

二、判断题

1. ×　2. √　3. √　4. ×　5. ×　6. √　7. ×　8. √　9. √　10. √

三、单项选择题

1. A　2. B　3. B　4. D　5. C

四、简答题

1. 答：

由电容器的充放电实验现象可知：

(1) 电容器具有储能特性。

(2) 电容器具有隔直特性。

(3) 电容器的端电压不能突变。

2. 答:变压器的阻抗变换用于电子电路的阻抗匹配,使负载获得最大功率。

五、计算题

1. 答:极板上的电量为 $Q=1.1\times10^{-6}$C,电容器的电容量为 $C=0.01\mu$F。

2. 答:线圈产生的感应电动势为 $e=10$V,流过电阻器的电流为 $I=0.5$A。

3. 答:变压器的变比为 $K=10$。

检测题 2

一、填空题

1. 并　电容量
2. 电源电压　0V
3. 电场　磁场
4. 磁体　磁感线
5. 磁场方向
6. 相对磁导率
7. 矩磁材料
8. 阻碍　阻碍
9. 互感
10. 相同

二、判断题

1. ×　2. ×　3. √　4. √　5. √　6. √　7. √　8. √　9. √　10. √

三、单项选择题

1. C　2. D　3. B　4. D　5. B

四、简答题

1. 答:由于电容器的端电压不能突变,在电路接通的一瞬间,电容器的端电压为零,电源电压全部降在电阻上,此时电路中的电流最大,等于电源电压除以电阻的阻值。

2. 答:不是。当原磁通增加时,感应电流产生的磁通与原磁通方向相反,以阻碍原磁通的增加;当原磁通减小时,感应电流产生的磁通与原磁通方向相同,以阻碍原磁通的减小。

五、计算题

1. 答:$U_1=\frac{C_2}{C_1+C_2}U=\frac{4}{2+4}\times120=80(\text{V})$;

$U_2=\frac{C_1}{C_1+C_2}U=\frac{2}{2+4}\times 120=40(\text{V})$。

2. 答：$F=BIl=0.1\times 0.5\times 1=0.05(\text{N})$。

3. 答：$|e|=\left|L\frac{\Delta i}{\Delta t}\right|=100\text{V}$。

单元 4　正弦交流电路

练　习　题

一、填空题

1. 直线　按正弦规律变化的曲线
2. 0　250
3. 钢笔式　螺丝刀式　感应式　数字式　钢笔式　螺丝刀式　感应式
4. I_{1m}　I_{2m}　0　φ_0　φ_0
5. 最大值　频率(或角频率、周期)　初相位
6. 解析　图像　矢量
7. 最大值　初相位　角频率　瞬时值
8. 邻边　平行四边形　对角线
9. 同频率
10. 初相位
11. 0.003s　1884rad/s
12. 220　有效　311　50　0.02　314
13. 0　短路
14. 电压超前于电流 90°
15. 阻碍　自感　交流电路
16. ∞　开路
17. 阻碍　电　电场　电荷　小
18. 越小
19. 1　0　0
20. $X_L=X_C$　$X_L>X_C$　$X_L<X_C$
21. 电感　电容　有功功率　电感、电容上的无功功率之差　视在功率

*22. 暗　亮　最亮　亮　暗　串联

23. 电压　小　电流　大

二、判断题

1. ×　2. ×　3. √　4. √　5. √　6. ×　7. ×　8. ×　9. √　10. ×　11. ×　12. √　13. ×　14. √　15. √　16. ×　17. √　18. √　19. ×　20. √　*21. √　*22. ×　*23. √　*24. √　25. ×　26. √

三、单项选择题

1. B　2. C　3. A　4. B　5. A　6. C　7. A　8. C　9. D　10. B　11. B　12. B　13. B　14. C　15. A　16. A　17. B　18. C　19. A　20. B　21. C　22. B　23. C　24. C　25. C　26. D　27. B　28. B　29. C　30. B

四、作图题

1. 答：

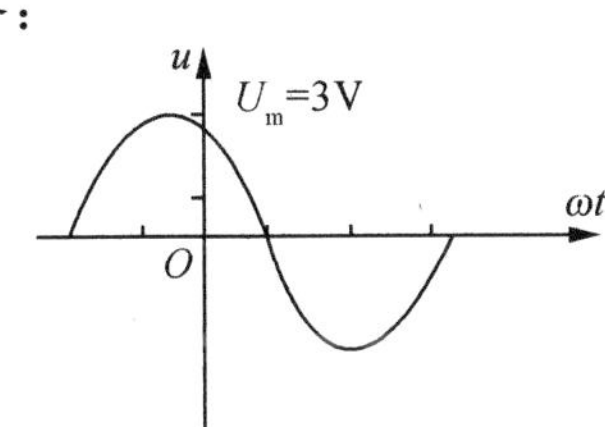

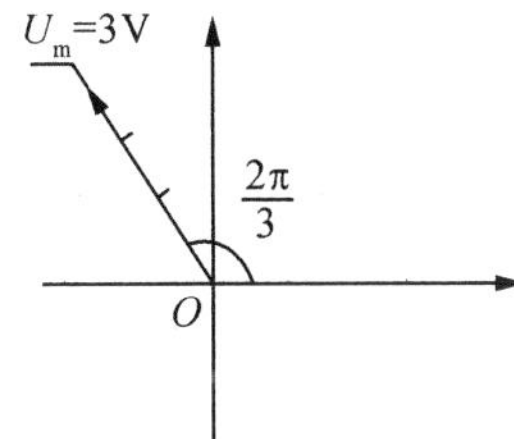

2. 答：

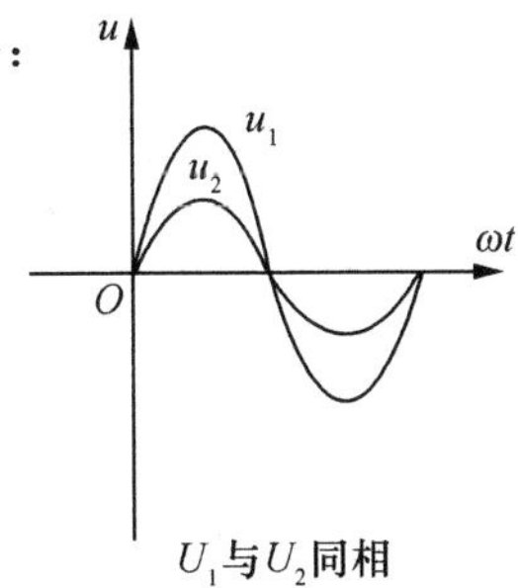

U_1与U_2同相

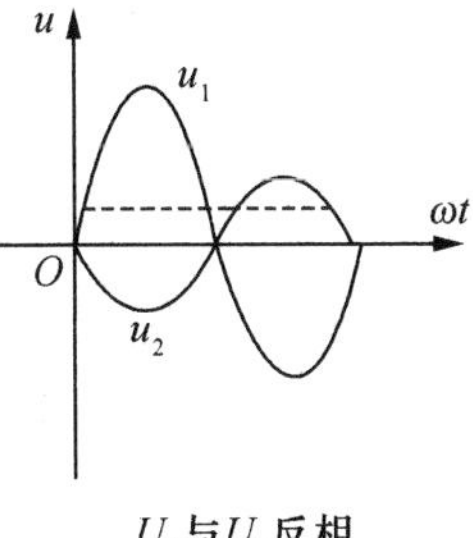

U_1与U_2反相

3. 答：

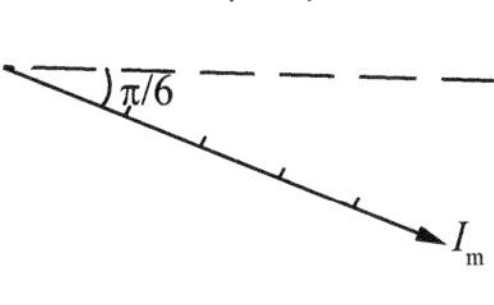

4. 答：

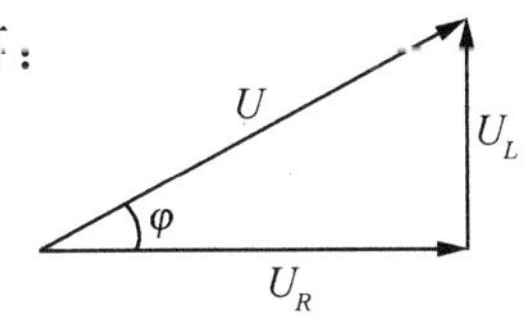

5. 答：

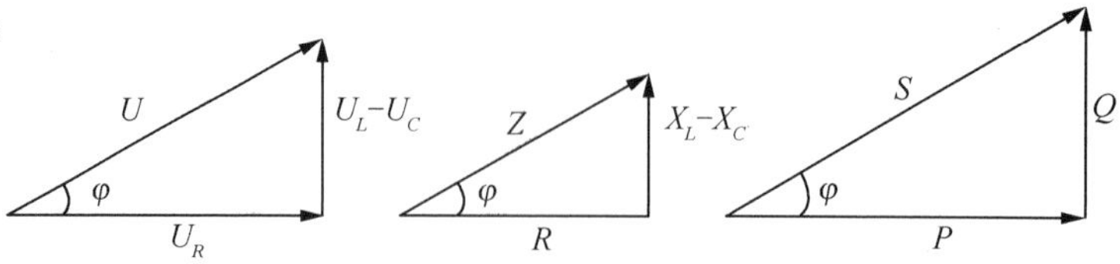

五、简答题

1. 答:交流电压表的用途是测量交流电路或设备的交流电压。它的使用方法比直流电压表更为简单,接线要求仍然与被测线路或设备并联,但不分极性;量程选择要求必须高于被测对象的电压峰值。

交流电流表的用途是测量线路或设备的交流电流,接线时,它也不分极性,但必须串联接入交流电路中,其量程也必须大于被测线路或设备电流峰值。

2. 答:使用钳形电流表测交流电流时可按如下步骤进行。

(1) 测量前要机械调零;

(2) 事先如果不知道被测线路量程,先选大量程,后根据指针偏转角度逐挡选小量程;

(3) 当使用最小量程测量,其读数还不明显时,可将被测导线绕几匝,匝数要以钳口中央的匝数为准,读数时应除以导线在钳口的环绕匝数;

(4) 测量时,应使被测导线处在钳口的中央,并使钳口闭合紧密,以减少误差;

(5) 测量完毕,要将转换开关置于最高电流量程挡。

3. 答:①检查外观,凡外观缺损、无安全电阻、进水、受潮的试电笔绝对不能使用,勉强使用将会导致操作人员触电。②验电时,使氖管正常发光的电流通路是带电体→试电笔→人体→大地→带电体,形成回路。所以手必须接触试电笔上端的金属笔挂(钢笔式)或金属帽(螺丝刀式、感应式)。数字式试电笔可直接使用,无须接触其金属部分。

4. 答:最大值又称振幅或峰值,是正弦交流电最大的瞬时值。

正弦交流电的有效值是根据它的热效应效果来规定的,即让交流电与直流电分别通过相同阻值的电阻,在相同时间内,两者所产生的热量相同,则这个直流电的数值就规定为交流电的有效值。

正弦交流电在半个周期内,在同一方向通过导体横截面的电流与所用时间的比值称为正弦交流电在该半个周期的平均值。

正弦交流电变化一周所用的时间叫作周期。

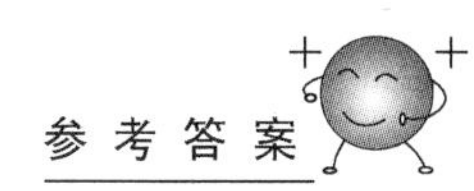

正弦交流电在 1s 内完成循环变化的次数叫作频率。

交流电在某一时刻的状态（包括大小、方向、变化趋势等）叫作交流电在该时刻的相位。

正弦交流电在起始时刻（即 $t=0$ 的时刻）所处的状态叫作该正弦交流电的初相位。

两个同频率的正弦交流电在某一时刻的相位之差叫作这两个正弦交流电的相位差。

5. 答：$i_1=I_{1m}\sin\omega t\,\text{A}$；$i_2=I_{2m}\sin\left(\omega t+\frac{\pi}{3}\right)\text{A}$。

6. 答：最大值、周期（或频率、角频率）、初相位称为交流电的三要素。

如果已知交流电的最大值，就知道了这个正弦量变化的最大范围；而周期、频率和角频率反应了交流电变化的快慢；初相位又能反应交流电的起始状态，所以一旦它的最大值、频率（或角频率或周期中任一项）及初相位 3 个条件确定，即可明确表示出交流电在某时刻的完整状态，从中确定它的大小、方向、变化快慢与趋势等。所以最大值、周期（或频率、角频率）、初相位称为正弦交流电的三要素。

7. 答：在纯电阻电路中，电压与电流同相；在纯电感电路中，电压超前于电流$\frac{\pi}{2}$；在纯电容电路中，电压滞后于电流$\frac{\pi}{2}$。

8. 答：在纯电阻电路中，最大值、有效值、瞬时值均满足欧姆定律。

在纯电感电路和纯电容电路中，只有最大值、有效值满足欧姆定律，而瞬时值不满足欧姆定律。

9. 答：感抗 X_L 表示它对交流电有阻抗作用。单就对电流的阻抗作用这一点与电阻是相似的，但它们又有本质区别，电阻在阻碍电流（包括直流和交流）时要消耗电流的功率而发热，而感抗则指的是电感线圈产生的自感电动势要阻碍交流电的变化而呈现阻碍作用，感抗本身不消耗有功功率，所以它只有在交流电路中才有意义。

容抗就是当交流电通过电容器时，电容器对电流具有阻碍作用，容抗越大，对电流阻碍作用越强，它在交流电路中的意义类似于感抗。

10. 答：因为在直流电路中，频率为零，对于电感元件，感抗 $X_L=2\pi fL$，由于 $f=0$，所以 $X_L=0$，电感元件在直流电路中相当于短路；对于电容元件，容抗 $X_C=\frac{1}{2\pi fC}$，由于 $f=0$，所以 $X_C=\infty$，电容元件在直流电路中相当于开路。

11. 答：电感器与电容器不消耗有功功率，通过磁场能和电源能之间或电场能与电源

能之间的交换分别储存磁场能和电场能。

12. 答：从信号发生器输出一定频率、一定幅度的正弦波，将 Y 轴输入耦合方式开关置于“AC”位置，调节“VOLTS/DIV”开关，使波形在屏幕中的显示幅度适中，调节“LEVEL”（电平）旋钮使波形稳定，分别调节 Y 轴和 X 轴位移，使波形显示方便读取，如下图所示。根据“VOLTS/DIV”的指示值和波形在垂直方向显示的坐标格数（DIV），即可读出输入信号的峰峰值，计算式如下，与信号发生器上指示的峰峰值比较。

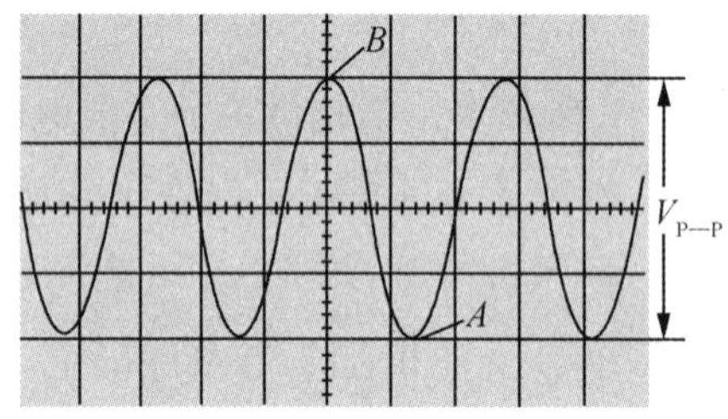

正弦交流电压波形

$$V_{P-P}=\text{“VOLTS/DIV”挡位值(V/DIV)}\times\text{垂直方向所占格数(DIV)}$$

其有效值按下式计算

$$V_{有效值}=\frac{V_{P-P}}{2\sqrt{2}}$$

通过毫伏表测量信号发生器产生的信号有效值，与计算出的有效值进行比较。如果使用的探头置 10∶1 位置，应将该值乘以 10。

$$\text{VOLTS/DIV}: 2\text{V}, V_{P-P}=2\times4$$

13. 答：由于 RL 串联电路电感两端电压超前于电阻两端电压 $\frac{\pi}{2}$，所以这两个电压的矢量互相垂直，构成电压三角形的两直角边，用平行四边形法则求得的矢量和就是这个三角形的斜边。利用这个三角形，可以实现已知任意两个量，求另一个量，还可以计算它们之间的相位角及相位差。阻抗三角形在数值上由电压三角形的 3 条边分别除以电流得来，它可以在电阻、感抗、阻抗 3 个量中，已知两个求出另一个，也可以计算它们之间的相位角及相位差。

14. 答：呈感性的条件为 $X_L>X_C$；呈容性的条件为 $X_L<X_C$；呈阻性的条件为 $X_L=X_C$。

15. 答：接线规律为，将电能表接线盒面对操作者，其接线柱从左至右按 1、2、3、4 编

号。规定1号接进相线,2号接出相线,3号接进零线,4号接出零线。

电能数的读取方法:将上一个月末的最后电能数作为底数,将本月末的读数减去底数的整数(即数字显示框中黑色框中的数字,而彩色框显示的是十分位、百分位小数,留在下个月一并计算)即为当月用电的实际电能数。

*16. 答:谐振条件是RLC串联电路的感抗与容抗相等,即 $X_L = X_C$。

谐振频率用如下公式计算:$f_0=\frac{1}{2\pi\sqrt{LC}}$。

*17. 答:在实际应用中,不但要求谐振电路对信号有足够的选择能力,还要求谐振电路具有一定的频率范围(频带宽度,简称带宽)。

工程技术规定,在谐振曲线上,使电流下降到谐振电流 I_0 的 $1/\sqrt{2}$ 倍(即 $I=I_0/\sqrt{2}$)所对应的频率范围称为该谐振电路的通频带,用字母BW表示,若 f_2、f_1 为上、下限截止频率,则通频带为

$$BW=f_2-f_1$$

18. 答:主要是启辉器损坏,具体故障为氖泡内部的动、静触片粘连或电容器被击穿。此时用万用表检测启辉器两触头之间的电阻,为零(正常时为无穷大)。

19. 答:如果手柄不是朝上,而是平装或倒装,在分断状态,由于自重、振动等原因,可能引起误合闸,危及使用和操作人员的安全。

六、计算题

1. 答:相位差为$\frac{3\pi}{4}$;i_1 超前 $i_2\frac{3\pi}{4}$。

2. 答:频率为1000Hz,周期为1ms,角频率为6280rad/s,最大值为100A,有效值为70.7A,初相位为$-45°$。

3. 答:$i_1=10\sin(314t+15°)$A;$i_2=16\sin(314t+120°)$A;$i_3=12\sin(314t-120°)$A。

4. 答:$u_1=60\sin 314t$ V;$u_2=80\sin\left(314t+\frac{\pi}{2}\right)$V;$u=100\sin\left(314t+\arctan\frac{3}{4}\right)$V。

5. 答:$i=5\sin\left(314t+30°+\arctan\frac{3}{4}\right)$A。

6. 答:$u_1+u_2=311\sin\left(\omega t+\frac{\pi}{3}\right)$V,$u_1-u_2=539\sin\left(\omega t-\frac{\pi}{6}\right)$V。

7. 答:峰峰值 $U_{P-P}=8$V,有效值 $U=2.8$V。

8. 答：周期为 $T=16ms$，频率 $f=62.5Hz$。

9. 答：①$I=0.45A$；②$P=100W$。

10. 答：$I=0.23A$，$R=968\Omega$。

11. 答：9.1A。

12. 答：471Ω。

13. 答：0.35H。

14. 答：①频率为 0 时，感抗为 0，电流为∞；②频率为 50Hz 时，感抗为 3.14Ω，电流为 22.5A；③频率为 50kHz 时，感抗为 3140Ω，电流为 22.5mA。

15. 答：$X_L=40\Omega$，$I=5.5A$，$Q=1210var$。

16. 答：$U=39.8V$，$\omega=2512rad/s$。

17. 答：$U=220V$，$Q=1522var$。

18. 答：60°。

19. 答：①$X_L=15\Omega$；②$Z=25\Omega$；③$I=8.8A$；④$P=1548.8W$，$Q=1161.6var$，$S=1936VA$，$\cos\varphi=0.8$。

20. 答：$Z=7.05\Omega$。

*21. 答：$f_0=4\times10^6Hz$，$U=1V$，$U_L=U_C=60V$。

检　测　题

一、填空题

1. 0　250

2. 钢笔　螺丝刀　感应　数字

3. 有效

4. 0　180°

5. $5\sqrt{2}\sin(\omega t+\pi/4)A$

6. 超前于　小于$\frac{\pi}{2}$的相位角　感

7. $\sqrt{U_R^2+(U_L-U_C)^2}$　$\sqrt{R^2+(X_L-X_C)^2}$　电阻　感抗　阻抗　I^2R　$I^2X=I^2(X_L-X_C)$　$\sqrt{P^2+Q^2}=\sqrt{P^2+(Q_L-Q_C)^2}$　有功功率　无功功率　视在功率

8. 阻　感　容

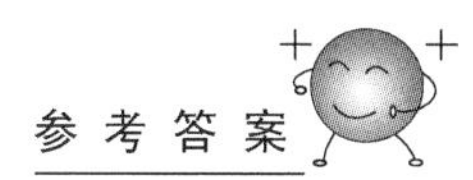

*9. R_0　$I_0=U/R_0$（或最大）　同　电源电压　电源电压的Q倍

二、判断题

1. √　2. ×　3. ×　4. √　5. ×　6. ×　7. ×　*8. ×　*9. ×　10. √

三、单项选择题

1. B　2. B　3. C　4. B　5. B　6. B　7. B　8. B　9. C

四、作图题

1. 答：(略)。

2. 答：(略)。

五、简答题

1. 答：①检查外观，凡外观缺损、无安全电阻、进水、受潮的试电笔绝对不能使用，勉强使用将会导致操作人员触电。②验电时，使氖管正常发光的电流通路是带电体→试电笔→人体→大地→带电体，形成回路。所以手必须接触试电笔上端的金属笔挂(钢笔式)。

2. 答：这主要是启辉器损坏，具体故障为氖泡内部的动、静触片粘连或电容器被击穿，此时用万用表检测启辉器两触头之间的电阻，为零(正常时为无穷大)。排除故障的办法就是更换启辉器。

六、计算题

1. 答：$Z=7.05\Omega$。

2. 答：0.35H。

单元5　三相交流电路

练　习　题

一、填空题

1. $U_L=\sqrt{3}U_N$

2. 220V　10A

3. $120\sin\left(100\pi t-\frac{11\pi}{12}\right)$V　$120\sin\left(100\pi t+\frac{5\pi}{12}\right)$V

4. $\sqrt{3}U_LI_L\cos\varphi$　$S\cos\varphi$　$\sqrt{3}U_LI_L\sin\varphi$　$S\sin\varphi$　$\sqrt{3}U_LI_L$　$\sqrt{P^2+Q^2}$

5. 相　线　380　相　中性　相　220

6. 相序　黄绿红　黄绿红

7. 三相的每个回路　独立供电　开关　熔断器

二、判断题

1. √　2. √　3. ×　4. ×　5. ×　6. √　7. √　8. √　9. ×

三、单项选择题

1. A　2. A　3. B　4. C　5. C　6. A　7. C　8. B　9. C　10. D　11. B　12. C　13. B　14. D　15. D　16. B　17. D　18. C　19. B　20. C

四、作图题

1. 答：　　2. 答：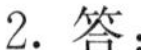

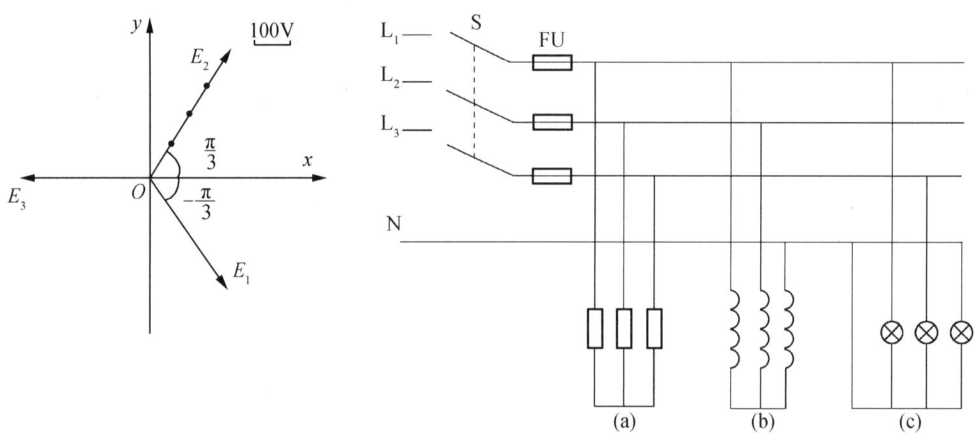

五、简答题

1. 答：在三相负载对称时，用三相三线制；不对称时，必须用三相四线制。

2. 答：中性线确保三相供电系统中每一相都能形成独立的供电回路。中性线一旦断开，则破坏了三相电路形成独立回路的基本条件，从而导致各相因负载的不同而所分配的电压差异很大，致使有的相分得的电压过低，不能正常工作；而有的相分得的电压过高，有被损坏的危险。所以中性线不能安装熔丝，因熔丝熔断，势必造成中性线开路、破坏三相电路、每相回路相电压严重不平衡的后果。

六、计算题

1. 答：22A。

2. 答：星形联结时，44A，44A；三角形联结时，76A，131.5A。

3. 答：$I_L=11A$，$P=7.23kW$。

4. 答：$I_L=22A$，$P=1.085kW$。

检　测　题

一、填空题

1. 尾　首

2. $200\sin\left(100\pi t-\frac{\pi}{3}\right)V$　$200\sin(100\pi t-\pi)V$

3. $30°$　$\frac{2\pi}{3}$　$\sqrt{3}$

4. 三相三线　三相四线

5. 1

6. $\sqrt{3}U_L I_L\cos\varphi$　$U_U I_U\cos\varphi_U+U_V I_V\cos\varphi_V+U_W I_W\cos\varphi_W$

7. 在三相电路中形成各相独立的供电回路，在各相负载不平衡时能保证供电电压一致　开关、熔断器

8. 相序

二、判断题

1. ×　2. ×　3. √　4. ×　5. √

三、单项选择题

1. C　2. C　3. B　4. A　5. B

四、作图题

答：

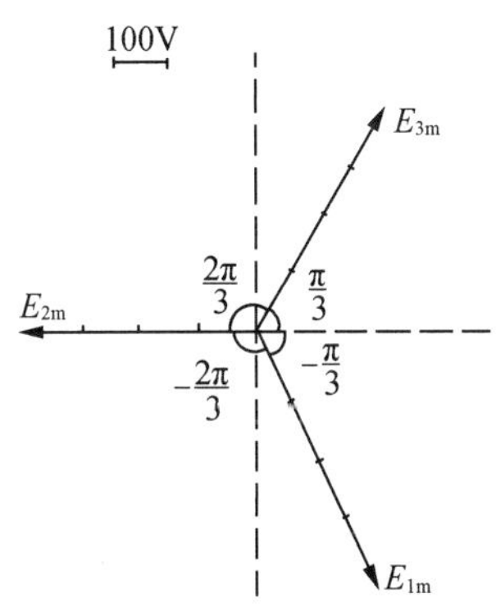

五、简答题

答:中性线确保三相供电系统中每一相都能形成独立的供电回路。中性线一旦断开,则破坏了三相电路形成独立回路的基本条件,从而导致各相因负载的不同而所分配的电压差异很大,致使有的相分得的电压过低，不能正常工作;而有的相分得的电压过高,有被损坏的危险。所以中性线上不能安装有断开可能的开关和熔断器。

六、计算题

答:380V、220V，2.2A、2.2A。

全书检测题

全书检测题一

一、填空题

1. 材料　横截面面积　长度
2. 小　高　大　耐压最低的一只电容器的耐压
3. 正极　负极　电源内部负极　正极
4. 3.6×10^{6}
5. 0V
6. 2A　160V
7. 串联　并联
8. $X_L=X_C$　$X_L>X_C$　$X_L<X_C$
9. 有定向移动的带电粒子　有使带电粒子移动的电场　正电荷移动的方向
10. 储存电荷　电量与极板间的电压　$C=\frac{Q}{U}$
11. 拉闸　拉离　挑开　抛线
12. 频率相同
13. 33kΩ　±1%

二、判断题

1.√　2.×　3.√　4.√　5.×　6.√　7.√　8.√　9.√

三、单项选择题

1.D　2.C　3.D　4.A　5.A　6.B　7.C

四、作图题

答:(略)。

五、简答题

1. 答:根据公式 $E=Ir+IR$ 可知,并联时负载增加,R 下降,则 $U_{外}=IR$ 下降,还可以从 $I=E/R+r$ 可知,由于并联支路增加,负载电阻减小,电流 I 增大,E 不变,所以电源内阻两端的电压 $U_{内}=Ir$ 增大,$U_{外}=E-U_{内}$ 将逐渐下降。

2. 答:在三相四线制供电系统中,中性线使三相负载成为互不影响的独立回路,而在三相不对称负载电路中,如果没有中性线,各相电压因为负载大小的不同将严重偏离正常值,造成有的相供电电压不足,不能正常工作,而有的相供电电压太高,甚至危及用电器具的安全。若照明电路中的中性线断了,会烧毁照明电路。

六、计算题

1. 答:$R_1=49\text{k}\Omega$, $R_2=450\text{k}\Omega$,$R_3=4500\text{k}\Omega$。

2. 答:$V_a=0\text{V}$, $V_b=-6\text{V}$, $V_c=30\text{V}$, $V_d=26\text{V}$, $V_e=10\text{V}$,$V_f=-2\text{V}$。

全书检测题二

一、填空题

1. 固定电容器　可变电容器　微调电容器
2. 介质磁导率 μ
3. 高电位点　低电位点　高电位点　低电位点
4. 电源负极　正极
5. 电源电动势
6. 热　0.707
7. E　U　I
8. 0　∞
9. $X_L=X_C$　$X_L>X_C$　$X_L<X_C$
10. 大小　方向　右手定则
11. 单相触电　两相触电　跨步电压触电
12. 文字符号法　色环法
13. 12kΩ　±1 %

二、判断题

1. × 2. × 3. × 4. × 5. √ 6. × 7. × 8. √ 9. √ 10. ×

三、单项选择题

1. C 2. C 3. C 4. C 5. B 6. C 7. C

四、简答题

1. 答：不是这样的。根据楞次定律的内容——当穿过线圈的磁通发生变化时，感应电动势的方向总是企图使它的感应电流所产生的磁通阻止原磁通的变化。那么如果原磁通减小，则感应电流产生的磁通与原磁通方向相同，但是如果原磁通增强，则感应电流产生的磁通方向相反。

2. 答：常见的人体触电的类型有单相触电、两相触电、跨步电压触电。发生触电的原因有：①电气操作制度不严格、不健全或操作者不遵守规章制度；②用电设备不合要求；③用电不谨慎；④线路敷设不合规格。

3. 答：电压和电位的单位都是伏特，方向都是从正极指向负极，电压的大小是不随参考点的变化而发生变化的，而电位的大小会随所选参考点的变化而发生变化。

五、计算题

1. 答：$E=3V$，$r=2\Omega$。

2. 答：能。第一只电容器分得的电压为100V，而第二只电容器分得的电压为50V，均未超过它们的耐压。

3. 答：①$I=3.14A$；②（略）；③$X_C=15.9\Omega$，$I=6.28A$。

全书检测题三

一、填空题

1. U_1 V_1 W_1

2. 单相触电 两相触电 跨步电压触电

3. $220\times10^6\Omega$ $\pm1\%$

4. $\frac{\pi}{2}$

5. 振幅

6. U_1 V_1 W_1

7. 闭合曲线　磁场

8. 串　高　低

9. 图像　解析　旋转矢量　旋转矢量

10. 2　120　40

11. 储磁场能　0Hz　0　短路

12. 储存电荷　$C=Q/U$

二、判断题

1. √　2. √　3. √　4. ×　5. √　6. √　7. ×　8. √　9. ×　10. ×

三、单项选择题

1. A　2. B　3. A　4. B　5. B　6. B　7. A　8. D

四、简答题

1. 答:电阻器是耗能元件,消耗有功功率,而电感器、电容器储存能量并进行能量的交换,占用无功功率。而且电感器完成电能与磁场能的交换,电容器完成电能与电场能的交换。

2. 答:由全电路欧姆定律可知:$U=E-Ir$,当外电路断开时,$I=0$,$U=E$。把电压表直接接到电源的两端时,因其内阻很大,相当于为无穷大,因而 I 也为零,所以电压表上的读数就是电源的电动势。

3. 答:

相同点:①都属于用来保护电气设备金属外壳带电而采取的保护措施;②适用的电气设备基本相同;③都要求有一个良好的接地或接零装置。

区别:①保护接地适用于中性点不接地的高、低压供电系统,保护接零适用于中性点接地的低压供用电系统。②线路连接不同,保护接地的接地线直接与接地系统相连;保护接零线则直接与电网的中性线连接,再通过中性线接地。③保护接地要求每个电器都要接地,而保护接零只要求三相四线制系统的中性点接地。

五、计算题

1. 答:2 个节点,2 个网孔,3 个回路;$I_1=5\text{A}$,$I_2=-1\text{A}$,$I_3=4\text{A}$。

2. 答:甲、乙电容器分得的电压分别为 $U_1=340\text{V}$、$U_2=170\text{V}$,但是甲电容器分得的电压超过了其耐压,因此甲电容器被击穿,使得 510V 的电压全部都加到了乙电容器的两端,也超过了其 300V 的耐压,乙电容器也会被击穿,所以这是不安全的。

3. 答:电路阻抗 $X=20\Omega$,有功功率 $P=400\text{W}$,无功功率 $Q=300\text{var}$,视在功率 $S=$

500V·A，功率因数 $\cos\varphi=0.8$。

全书检测题四

一、填空题

1. 电场

2. 尽快脱离电源

3. 1/2～2/3

4. 最大值　角频率　初相位

5. 0°　90°　−90°

6. 启辉器　镇流器　灯管　灯座

7. 串　耐压

8. 电感　自感现象　自感电动势

9. 节点　回路

10. 4　6

11. 绿蓝蓝

12. 380V/220V　三相四线制中性点接地

13. 呼吸微弱或停止　心跳微弱、不规则或停止

14. 最大　有效　瞬时

二、判断题

1.×　2.√　3.√　4.√　5.√　6.×　7.×　8.√　9.×　10.×

三、单项选择题

1.C　2.A　3.B　4.B　5.A　6.B　7.B　8.B

四、简答题

1. 答：不行。因为电流表的内阻很小，这样做一方面造成电源短路，损坏电源；另一方面，短路电流流进表内造成其量程的损坏，因此，不能用电流表测电源的短路电流。

2. 答：电路工作中有通路、短路、断路等 3 种状态，其中短路状态应该尽力避免。因为短路时相当于外电路电阻 $R=0$，由于电源内阻 r 很小，所以整个电路中的电流趋于无穷大，会烧毁电路和用电器，严重时造成火灾，使用中应该尽量避免。为避免短路造成的严重后果，电路中专门设置了保护装置。

3. 答：通电直导线磁场方向的判定用安培定则（又称右手螺旋定则），用右手握住通电直导线，让拇指指向电流方向，则四指环绕的方向就是磁感线的方向。通电螺线管磁

场方向的判定也用安培定则，用右手握住螺线管，弯曲的四指指向电流方向，则拇指方向就是通电螺线管的 N 极(磁场方向)。

五、计算题

1. 答：$R_{ab}=5\Omega$。

2. 答：$U=80V$。

3. 答：$L=3.5H$。

全书检测题五

一、填空题

1．电源连接导线　负载　保护　控制装置

2. 电压表

3. 小

4. 强弱

5. 阻碍

6. 电源内阻等于负载电阻

7. 4∶5

8. 42V　12V

9. 电压　电流

10. 串

11. 线　380　相　220

12. 电能

13. 大小　方向　自感

二、判断题

1. ×　2. ×　3. ×　4. √　5. ×　6. √　7. √　8. ×　9. √　10. √

三、单项选择题

1. D　2. B　3. C　4. C　5. A　6. D　7. C　8. C

四、简答题

1. 答：电压和电位都是电场力做功的体现，但它们最明显的区别是各自参考点的选择不同。电压是指电场中某两点之间的电位差，而电位则是指电场中某点与零电位点之间的电位差。所以某两点的电位很高，都是指它们相对零电位点而言的，而这两点之间的电位差(电压)就不一定高了。

2. 答:产生感应电流和产生感应电动势都发生在电磁感应现象中,但是产生感应电流要求电路必须是闭合的回路,而产生感应电动势则可发生在任何电磁感应现象中,不管电路是否闭合都可以产生。

3. 答:中性线确保三相供电系统中每一相都能形成独立的供电回路。中性线一旦断开,则破坏了三相电路形成独立回路的基本条件,从而导致各相因负载的不同而所分配的电压差异很大,致使有的相分得的电压过低,不能正常工作;而有的相分得的电压过高,有被损坏的危险。所以中性线不能安装熔丝,因熔丝熔断,势必造成中性线开路、破坏三相电路、每相回路相电压严重不平衡的后果。

五、计算题

1. 答:$I=0.4$mA,方向如右图所示。

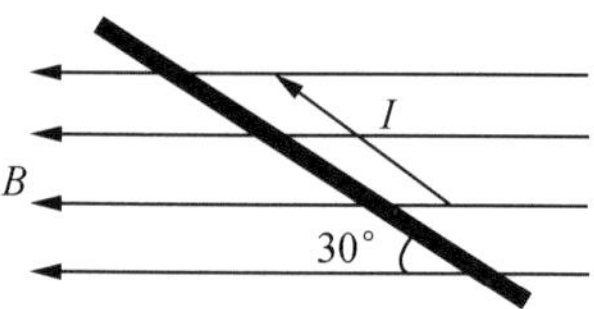

2. 答:最大值 $E_m=220\sqrt{2}$V,有效值 $E=220$V,角频率 $\omega=314$rad/s,频率 $f=50$Hz,初相位 $\varphi_0=-3\pi$,其中的三要素是最大值、角频率、初相位。

3. 答:$V_A=10$V。

全书检测题六

一、填空题

1. 跨步电压触电
2. 负载(用电器)　控制
3. 定向　0.1
4. 2　1
5. 4
6. 隔直
7. 阻碍
8. 1A　0.02s
9. 最小　$\frac{1}{2\pi\sqrt{LC}}$
10. 120°

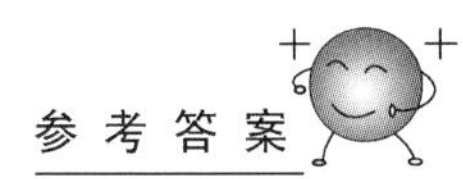

二、判断题

1. × 2. × 3. √ 4. √ 5. × 6. √ 7. √ 8. × 9. × 10. √

三、单项选择题

1. B 2. A 3. B 4. A 5. B 6. B 7. B 8. C 9. C 10. C

四、简答题

答：人体触电的常见原因：①电气操作制度不严格、不健全或操作者不遵守规章制度；②用电设备不合要求；③用电不谨慎；④线路敷设不合规格。

现场处理方法：①拉闸，立即切断电源；②拉离，让触电者脱离电源；③挑开，用绝缘棒拨开触电者身上的电线；④抛线，抛扬接地软线，使电路跳闸。

五、计算题

1. 答：(1) 当 $R_3=6\text{k}\Omega$ 时，$I_1=2\text{A}$，$I_2=I_3=1\text{A}$，$U_2=6\text{V}$；

(2) 当 $R_3=\infty$ 时，$I_1=I_2=\frac{4}{3}\text{A}$，$I_3=0_{\text{A}}$，$U_2=8\text{V}$；

(3) 当 $R_3=0$ 时，$I_1=I_3=4\text{A}$，$I_2=0\text{A}$，$U_2=0\text{V}$。

2. 答：$I_1=12\text{A}$，$I_2=-4\text{A}$，$I_3=8\text{A}$。

3. 答：(1) 感抗 $X_L=2\pi fL=40\Omega$，容抗 $X_C=\frac{1}{2\pi fC}=80\Omega$，

总阻抗 $Z=\sqrt{R^2+(X_L-X_C)^2}=50\Omega$。

(2) $I=1\text{A}$，$i=\sqrt{2}\sin(100\pi t+30^\circ)\text{A}$。

(3)

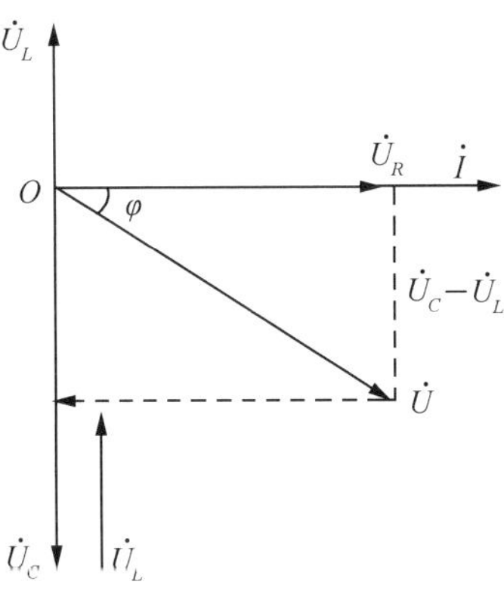

(4) $P=I^2\text{R}=30\text{W}$；

$Q=I^2(X_\text{C}-X_\text{L})=40\text{W}$；

$S=\sqrt{P^2+Q^2}=50\text{W}$;

$\cos\varphi=\frac{P}{S}=\frac{R}{Z}=0.6$。

全书检测题七

一、填空题

1. 3∶2

2. 4900Ω

3. 1A

4. 6.48

5. 水平向右

6. 5Ω

7. 64V

8. 500W

9. 65.8A

10. 2500Ω

11. (1)64V　6V　(2)3Hz

二、判断题

1.√　2.√　3.×　4.×　5.×　6.×

三、单项选择题

1.C　2.B　3.B　4.B　5.A　6.B　7.A　8.A　9.C　10.B

四、计算题

1. 答:100W(利用比例关系求得)。

2. 答:$I_1=4\text{A}$,$I_2=4\text{A}$,$U_{ab}=-8\text{V}$。

3. 答:①当开关S断开时,求得$U_g=0.24\text{V}$,$I_{R1}=600\mu\text{A}$,$I_{R2}=1\text{mA}$,$U_L=1\text{V}$,故改装表的量程为1V。②当开关S闭合时,求得$U_g=0.24\text{V}$,$I_{R1}=600\mu\text{A}$,$I_L=1\text{mA}$,故改装表的量程为1mA。

4. 答:$R=16\Omega$,$|z|=22\Omega$,$X_L=15\Omega$,$L=0.048\text{H}$。

全书检测题八

一、填空题

1. 1

2. 990

3. 6

4. 1∶1

5. $70\sqrt{2}$A

6. 5Ω

7. 88V

8. 星形

9. 100

10. 16

11. 亮度

二、单项选择题

1. C　2. A　3. C　4. B　5. A　6. B　7. B　8. C　9. A

三、计算题

1. 答：

$$R_{总}=R_1+\frac{R_4\left[R_2+\frac{R_5(R_3+R_6)}{R_5+(R_3+R_6)}\right]}{R_4+\left[R_2+\frac{R_5(R_3+R_6)}{R_5+(R_3+R_6)}\right]}=5\Omega$$

$$I_1=\frac{E}{R_{总}}=2\text{A}$$

$$I_4=\frac{R_2+\frac{R_5(R_3+R_6)}{R_5+(R_3+R_6)}}{R_4+\left[R_2+\frac{R_5(R_3+R_6)}{R_5+(R_3+R_6)}\right]}I_1=1\text{A}$$

$$I_2=I_1-I_4=1\text{A}$$

$$I_5=\frac{R_3+R_6}{R_5+(R_3+R_6)}I_2=\frac{1}{3}\text{A}$$

$I_6=I_2-I_5=\frac{2}{3}$A

$V_a=I_4R_4=6$V

$V_b=I_5R_5=2$V

$V_c=I_6R_6=\frac{4}{3}$V

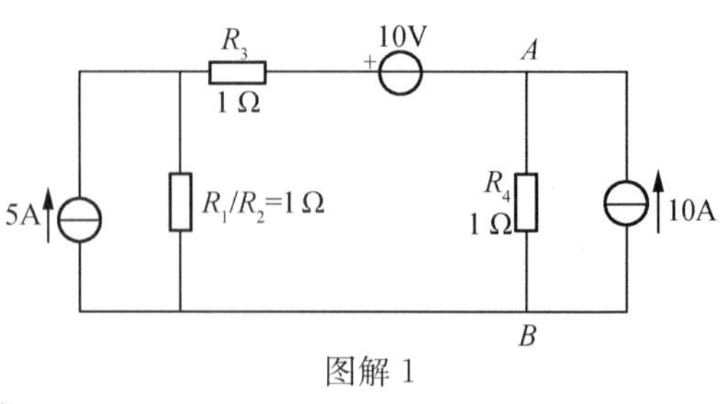

图解 1

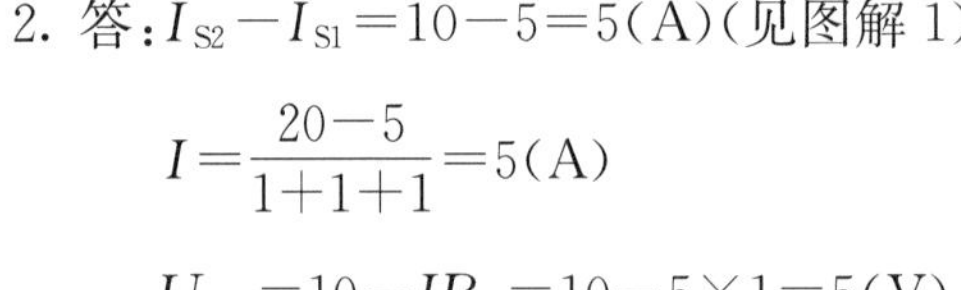

2. 答：$I_{S2}-I_{S1}=10-5=5$(A)(见图解 1)

$I=\frac{20-5}{1+1+1}=5$(A)

$U_{AB}=10-IR_4=10-5\times1=5$(V)

(见图解 2)

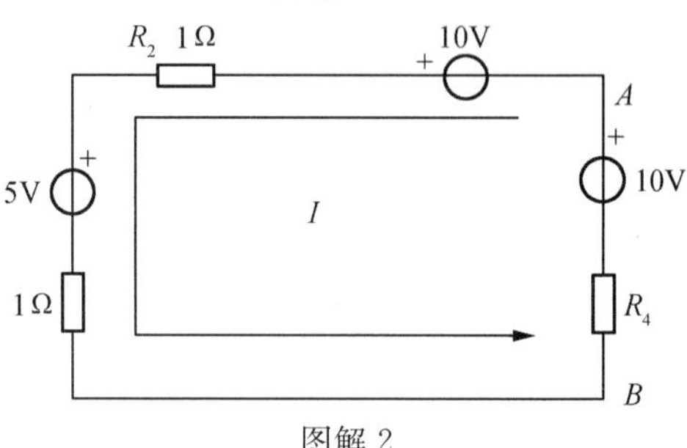

图解 2

四、综合题

1. 答：(1) $\begin{cases}I_1+I_3-I_2=0\\I_2R_2-E_2-E_1+I_1R_1=0\\-I_3R_3+E_3+E_2-I_2R_2=0\end{cases}$

代入数据得

$$\begin{cases}I_1+I_3-I_2=0\\2I_2-2-4+4I_1=0\\-3I_3+6+2-2I_2=0\end{cases}$$

解方程得

$$\begin{cases}I_1=\frac{7}{13}A\\I_2=\frac{25}{13}A\\I_3=\frac{18}{13}A\end{cases}$$

(2) $V_A=U_{AB}=I_2R_2-E_2$

$=\frac{25}{13}\times2-2$

$=\frac{24}{13}$(V)

2. 答：(1) 当 S 断开时，有

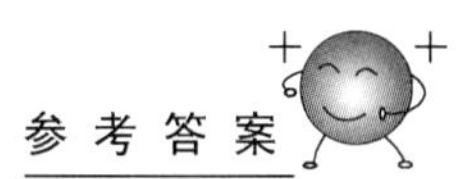

$$R_{外}=\frac{R_1(R_2+R_3+R_4)}{R_1+(R_2+R_3+R_4)}=\frac{12\times(4+24+8)}{12+(4+24+8)}=9(\Omega)$$

$$I=\frac{V}{R_{外}}=\frac{5.4}{9}=0.6(\mathrm{A})$$

又

$$I=\frac{E_{总}}{R_{外}+r_{总}}=\frac{4E_0}{9+4r}$$

所以 $E_0=\dfrac{0.6\times(9+4\times0.25)}{4}=1.5(\mathrm{V})$

安培表的读数为 $I'=\dfrac{R_1}{R_1+(R_2+R_3+R_4)}I=0.15(\mathrm{A})$

(2) 当S闭合时，R_3、R_4 及安培表均被S短路，安培表读数为零，电路结构变为

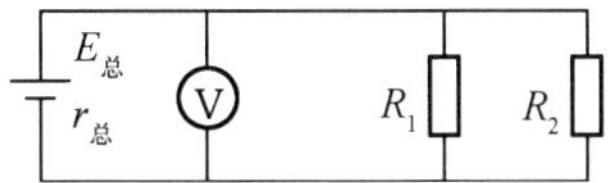

R_1、R_2 为并联，所以

$$\frac{P_1}{P_2}=\frac{R_2}{R_1}=\frac{4}{12}=\frac{1}{3}$$